中世ヨーロッパの民からならう

季節の魔除けとおまじない

ストマリー事務局

はじめに

　本書はヨーロッパ各地に残る中世の時代から（あるいはそれ以前から）伝えられた民間伝承や言い伝えを元に、筆者が実際に必要なものを集めて実践した内容が主となります。紙の記録として残っている伝承もありますが、主に当時の農民や庶民たちが自分たちの土地で代々行われていた祝祭や儀式もあり、記録に残さず「口伝（くでん）」で伝えられた祝祭や儀式も少なからずあったと推測しています。

　そのため、文字の記録として残っていない祝祭や儀式、魔除けやおまじないの解説については、その伝承が残る地元の方々から見聞きした「口伝」の内容を元に組み込んでいます。

　また「この時代のこの地域の伝承である」というはっきりとした記載は本書ではあえてしていません。その背景として、中世当時の政治情勢や領地の変動の激しさなどが要因として挙げられます。そんな状況の中でも、かつての故郷のささやかなお祝いを忘れまいと、多少形を変えてでもひっそりと行っていたのではないでしょうか。

　現在でもヨーロッパ各地で見ることができる伝統ある祝祭は、時代の流れと共にやり方が変わっても、執り行う意味や目的は大きく変わっていないと思います。明確な日付の概念があまりなかった時代では、「この時期のこの祝祭（または儀式）を行った後に次の季節がやってくる」という認識が一般的でした。そして、その祝祭を執り行うことで得られる祝福や恩恵の証こそが、自身の不安を取り除く力となっていったのです。

魔除けやおまじないの品々は、一見小さく地味でも「何事もないようお守りください」という願いをこめることで、自身の心に勇気を与えてくれる存在だと考えています。殺伐とした感情に支配されるのを恐れた人々は、自然の恵みから作られた品々をそばに携えることで「恐れる心の呪縛」から解放されたかったのだと思います。

　いつでも好きなものや気になるものが簡単に手に入る現代では、自然の恵みへの感謝の意思が薄らいでしまいがちです。もしご興味をもたれるようでしたら、自然に対する小さな御礼も兼ねて、今回取り上げる 12 か月のおまじないや儀式に触れてみてください。

　話は変わりますが、中世ヨーロッパでは多くの彩色写本が作られました。その中でも「時禱書（じとうしょ）」と呼ばれる書物は、祈りを捧げるにあたってなくてはならない存在でした。時禱書にはカレンダーのような挿絵が描かれています。これは当時の「暦」で、その日の礼拝の内容が記載されていました。時禱書を持つことができる比較的裕福な人々は、この暦に従って日々の祈りを捧げていました。
　もし、この「暦」を"庶民たちも自由に書くことができたのならどんな記録を残そうとしたんだろう？"と考え、彼らの生活を推測した「月毎カレンダー」を各月の終わりに入れてみました。ここでは、「或る領地に住まう一人の若い農夫が書き残した日々の記録」と称して綴っています。もしかしたらこんな営みをしていたのかな、と少しばかり想像しながら楽しんでいただけたら幸いです。

繻 鳳花

Contents

＜本書の内容を実践するにあたっての注意事項＞

○基本的に「口伝や昔から言い伝えられた伝承」を元に構成した内容であり、かつ日本で入手できる雑貨・食品を使って実践しています。入手が難しいものに関しては一部代用品を使っていることがあるため、本来のやり方とは多少異なる点がありますことを予めご承知おきください。

○各月で作成した魔除けやおまじないツールは、原則として「作った年にすべて大地に還す（処分）」するようにしてください。例外として、毎年1月に持ち越して前年分をすべて処分することは可としています。

○魔除けツールに関しては、元となる伝承・口伝の信ぴょう性によっては実際の効果が定まらない場合があります。また、基本的に儀式や祝祭の祭壇づくりに関してはお一人で行うことを推奨しますが、難しいようであればお手伝いの方と一緒に作っていただいても構いません。

○「代用品」の記載がある以外は、原則として本書に示している雑貨ツールを使うようにしてください。それ以外のものを使った場合、効果が弱くなるおそれがあります。

○魔除けやおまじないツールを作られる際は「ご自身の気持ちが穏やかで、病に冒されていない時」に限定するようにしてください。イライラしたり悲しい気持ちの時に作成すると、悪しき精霊が呼び寄せられて、本来の魔除け効果が薄らいでしまうことがあるかもしれません。

1月

幸多き1年を願う「祝祭の装飾の片付け」

New blessings

　前年に多くの祝祭や儀式に用いた飾りものは、翌年を迎えたらすべて片付け、次の春を迎え入れる準備に入ります。基本的にその年に執り行った祝祭や儀式に使った装飾品や食品は翌年に持ち越さないようにしますが、年によってさまざまな状況変化があるもの。無理をせず、年が明けた後にゆっくり片づけてもいいでしょう。

キャンドルリースの片付け

　リースから装飾物をすべて外します。針金を使っている場合は怪我をしないよう注意しながら外してください。

　生の枝や花、実を使った場合は屋外で火にくべ、燃やします。焼却後に残った灰は軽く集め、植えている植物の肥料などにしてもいいでしょう。一連の流れは、大地の恵みに感謝し、再び大地に還す「大地還しの儀式（90P）」と独自に呼んでいます。

　生活環境上、屋外で燃やすのが難しい場合は可燃ゴミの日（各自治体に準拠）に出しても問題ありません。

ポマンダーの片付け

　リースと同様の方法で処分します。クローブとシナモンがたくさん刺さった（またはまぶした）状態になっているので、かなりスパイシーな煙が出る場合があります。必ず屋外で燃やすようにしてください。可燃ゴミとして処分していただいても問題ありません。

ジンジャーブレッドの片付け

乳鉢で細かく砕くかブレンダー・フードミキサーなどで粉砕し、鳥の餌に混ぜてもいいでしょう。飼育していなければ、普通に可燃ゴミで処分しても構いません。長期に渡って屋外にさらしていることもあるので、衛生上食べるのは控えてください。

生花を飾っていた場合

生花の種類によってはドライフラワーとして再利用できる場合もありますが、基本的には「祝祭（または儀式）が終わった後は直ちに自然に還すことを良し」とするため、遅くても翌月までには処分するようにしてください。三角コーナーなどに使う不織布の水切り袋にまとめて入れておくと処分しやすいです。

その他祝祭関係の装飾パーツ

箱などに入れて、次の祝祭まで大事に保管します。湿気ないように、お菓子などについている乾燥剤を入れておくようにしてください。

次の祝祭に向けての準備

　くるみやアーモンドなどのナッツ類・粒クローブ・小麦粉などは必要不可欠な食材になりますので、残りがあれば冬まで保管しておいてもいいでしょう。乾燥剤を入れるのを忘れずに。もし買い物先で安く手に入れられる場合は早めに購入してもいいですが、賞味期限のチェックを忘れないようにしてください。

保管に関して

　日本は春から秋にかけて「高温多湿」の環境に置かれやすくなります。保管状況によってはカビが発生するリスクが高くなるので、食材は乾燥剤入りの密封容器に、雑貨は湿気取りシートを箱の中に入れるなどの湿気

対策を適時行う必要があります。

　ヨーロッパと日本では季節によって気候の違いが大きく変わります。特に梅雨の時期は、できる限り空気の流れが通りやすい場所に置くようにしてください。

ヤドリギの枝集め

　ヨーロッパではクリスマスシーズンにセイヨウヤドリギ（ミスルトゥ）の枝やリースを取り扱う光景を目にします。日本ではあまり馴染みのない木ですが、昔から「神聖な木」として大事にされてきました。ほかの木に寄生して成長する「半寄生性常緑樹」で、冬になると鳥の巣のような球体の塊を作ります。

　ヤドリギは何本かを集めて束にして、玄関の扉やエントランスホールの上に飾っておくと強力な退魔の力をもたらすとされますが、意図的に枝を折ると災いが降りかかるとも伝えられています。もし、ヤドリギが寄生している木の下に枝が落ちていたら、それらを数本拾って束にするのもいいでしょう。

> **注　意**
>
> ヤドリギの枝を拾う時は必ず「貴方の枝葉を頂戴します」といった許しの言葉を添えること

　一度飾ったら、片付けの日まで地面に落ちないようにしっかりと固定します。神聖な木は常に上に座するもの。床や地面につかないよう、十分な配慮が必要です。

1月のカレンダー

～或る領地に住まう一人の若い農夫が書き残した日々の記録～

1		
2		
3	公現祭 準備期間	・祝祭の食材集めと仕込み
4		
5	公現祭前夜	・祝祭料理を領主と共に食べて過ごす
6	公現祭	
7		・「十二夜の薪（炭）」を集める
8		
9	荘園の畑の見廻り	・大雪の時は延期 / 農具の手入れなど
10		・塩漬け肉の様子を見る（食糧庫）
11		
12		
13		
14		
15		
16	荘園の畑の見廻り	・塩漬け肉の様子を見る（食糧庫）
17		
18		
19		
20		
21		
22		
23	荘園の畑の見廻り	・大雪の時は延期 / 農具の手入れなど
24		・塩漬け肉の様子を見る（食糧庫）
25		
26		
27		
28	ぶどう畑（木）の確認	・倒木していないかどうかも合わせて見廻る
29		
30	荘園の畑の見廻り	・2月の剪定作業に向けた確認と剪定状況の報告
31		

春の到来と家族の幸せを祈る「光源祭」

Candle mass

　2月に入るとすぐに「光源の儀式」を執り行います。家の中にあるロウソクを灯し、1年分の光の源に感謝を捧げる儀式のひとつです。凍てつく冬の時期は、太陽の光が長く届かない日が続きます。小さな光とて、昔の人々にとってはなくてはならないものであり、荒んだ心を癒してくれる存在でもありました。

　昔はロウソクが貴重なものでしたが、その日だけは少し贅沢に使っていたのかもしれません。

灯火の祭壇

今では携帯型ライターなどで簡単に火を使うことができますが、昔は当然そのような便利グッズはなく、火を熾すこと自体が一苦労でした。一度点いた火は極力絶やさないよう、火の番人はさぞかし管理が大変だったでしょう。

実践するにあたっての祭壇は、質素な作りで十分です。「火に感謝する儀式」なのですから、火を灯せる環境に感謝の気持ちをもって祈ることが大事です。くれぐれも燃えやすい素材は周りに置かないよう気を付けてください。

JAPAN TIPS

儀式はティーライトキャンドルでもできる！

日本の2月は比較的乾燥している時期なので、火の取扱いには十分な注意が必要です。屋外で行うのが安全ではありますが、室内で執り行う場合は万が一のことを考慮して、そばに水を置いておくのもいいでしょう。

マンションやアパートなどの集合住宅にお住まいの場合は、薄い金属製またはプラスチック製のカップに入ったティーライト型のロウソクを使っていただくのがベストです。100円ショップなどでも手軽に手に入りますので、ぜひ試してみてください。

灯火の祭壇の作り方

用意するもの

・**任意のキャンドル**

・**キャンドルを置く台**（小さなお皿など）

・**火をつけるもの**（ライターなど）

任意で用意（なくてもOK）

・**鳥の羽根**（ガチョウなど）

・**ドライハーブの束**[※] **2 ～ 3 種類**
（ローズマリーがあるとなお良し）

※ 6 月の項で作ったスワッグ（42P）があればそれ
を用いてもいいです。

キャンドルの種類について

儀式や祝祭に使うキャンドルは蜜ロウが理想
ですが、市販の白いパラフィンタイプのキャ
ンドルもいいでしょう。また、本来儀式など
に用いるものは「無香料を良し」とするため、
雑貨店などで取り扱っている香りの強いアロ
マキャンドルはできれば避けましょう。

1　夜明け前、または日没を過ぎた時間帯を選びます。台にキャンドルを乗せ、静かに火を点けます。

2　ドライハーブがある場合はハーブの先端の部分を火で炙り、香りを少しだけ出します。燃やしすぎないように注意。

3　キャンドルの火種が消えるまで、そのまま時を待ちます。待っている間は瞑想しても、本を読んでいても構いません。現代の産物（スマートフォンやパソコン、テレビなど）にはなるべく触れないようにしてみてください。

4　時間がなく、燃え尽きる前に火を消す必要がある場合は、鳥の羽根を使って静かに消してください。口で吹き消すのは精霊に失礼であるため、羽根がなければ手であおいで消すようにしましょう。

十二夜の薪の継承

　現在でいうクリスマスイブ（12月24日頃）の日の入り以降、暖炉に大きな薪をくべ、常に燃やし続ける習わしがあります。12日間、火を絶やさないようにしなければなりませんが、もし火が途中で消えてしまった場合、翌年に不幸や不作が訪れると信じられていました。

　無事に12日間燃やし続けた薪は炭となって残ります。その炭は神聖な力を持つとされ、翌年新たに燃やす「十二夜の薪」として大事にとっておいていたそうです。
　もしご自宅に暖炉があり、クリスマスイブの夜から12日間、火をくべ続けることができるのであれば、「十二夜の薪」を作ってみてもいいでしょう。保管する際は湿気の少ないところに置くようにしてください。

2月のカレンダー

~或る領地に住まう一人の若い農夫が書き残した日々の記録~

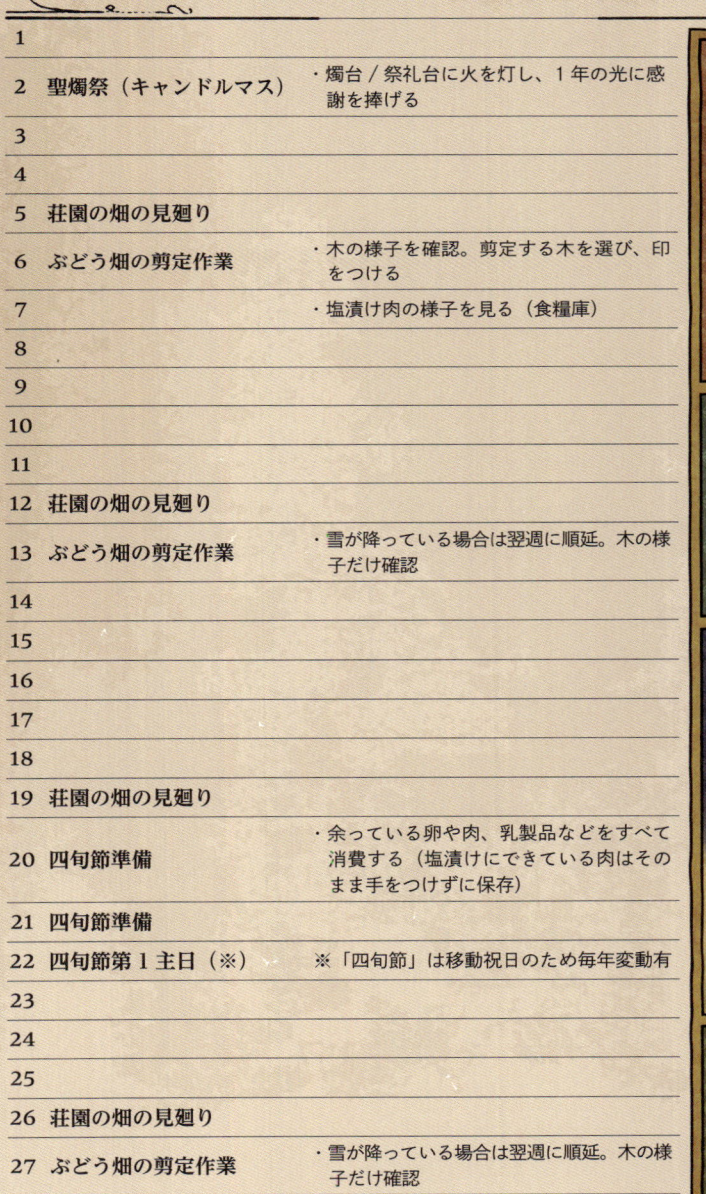

1		
2	聖燭祭（キャンドルマス）	・燭台／祭礼台に火を灯し、1年の光に感謝を捧げる
3		
4		
5	荘園の畑の見廻り	
6	ぶどう畑の剪定作業	・木の様子を確認。剪定する木を選び、印をつける
7		・塩漬け肉の様子を見る（食糧庫）
8		
9		
10		
11		
12	荘園の畑の見廻り	
13	ぶどう畑の剪定作業	・雪が降っている場合は翌週に順延。木の様子だけ確認
14		
15		
16		
17		
18		
19	荘園の畑の見廻り	
20	四旬節準備	・余っている卵や肉、乳製品などをすべて消費する（塩漬けにできている肉はそのまま手をつけずに保存）
21	四旬節準備	
22	四旬節第1主日（※）	※「四旬節」は移動祝日のため毎年変動有
23		
24		
25		
26	荘園の畑の見廻り	
27	ぶどう畑の剪定作業	・雪が降っている場合は翌週に順延。木の様子だけ確認
28		

節制中に健康でいるための「乾燥花の調合」

Spring "hope" flowers

　冬の寒さが少しずつ緩み、純白のスノードロップの花が雪の中から顔を出せば、待ち焦がれていた春の到来の合図となります。外に出ることもなく、ただ家の中で過ごしていた日々の終わりは、暗いトンネルから光の出口へと脱せられるような感覚なのでしょう。

　この頃は「四旬節（レント）」という断食期間に入っていることもあり、食事で使える食材にも制限がかけられていました。春に訪れる「復活祭」までは肉はおろか、卵や乳製品も基本的に口にすることはできません。心身共に苦しい時期、昔の人々は少しずつ咲き始める花々にその希望の思いを託していたのかもしれません。

乾燥花（ドライフラワー）の調合

冬を迎える前に摘み取った花のうち、乾燥しても色が鮮やかに残る種類については保存できる容器に入れて冷暗所に保管します。冬の間でも祝祭はあるので、その際に装飾や料理の飾りつけとして使うことがあるからです。

　保存はそう長くはもたないので、次の春の季節になったら新たに花を摘み取ります。使わなくなったドライフラワーは土に還してもいいのですが、次の春を無事に迎える願いを込めて、花びらの調合をしてみましょう。さまざまな色をまとった花には、魔を退ける力もあるとされます。春先の魔除けツールとしてもおおいに役立ちます。

ドライフラワーの入手先

　近年の癒し・アロマブームも相まって、日本でもハーブ専門店が増えてきました。また通販もあるので、昔に比べてグッと手に入れやすくなったのではないかと思います。

　とはいえ、普段の生活ではあまり使う機会がないので「どれぐらいの量を買えばいいのか分からない」といった質問をたまにいただきます。ハーブティにもできるドライフラワーは 20g 程度を袋詰めしたパッケージ販売もあります。少ないと思われがちですが、実際に開けると案外多いので、これらの雑貨ツールを作る分に問題ない量です。食用のドライフラワーにも使用期限はありますので、確認してから使うようにしてください。

乾燥花の調合の仕方

用意するもの

・**お好みのドライフラワー**
　赤またはピンク、青または紫、黄色またはオレンジの 2 〜 3 色程度を使うのが良いです。
　ハーブ専門店や通販サイトで取り扱っています。
　例）ペタルローズ（赤／濃ピンク）・マリーゴールド（黄）・スミレ（青紫）

・**小さめの小瓶または深めのガラスコップ**

・**ローズマリーの小枝**（フレッシュタイプ推奨。ない場合はドライローズマリー）

任意で用意（なくてもOK）

・**お好みのアロマオイル**（チョイスしたドライフラワーの種類のいずれか 1 種類）

・**ムエット**（試香紙）

お好みのドライフラワーをスプーン各大さじ 1 杯分を小瓶（または小さめのコップ）に入れ、同じスプーンで軽く混ぜ合わせます。指で触れないように気を付けてください。一番好きなドライフラワーは大さじ 2 杯分入れてもいいでしょう。

ローズマリーの葉がついた小枝を 2 ～ 3 本小瓶に挿し、太陽が出ている時に 1 時間ほど日光にさらします（ローズマリーは魔除けの力があり、太陽の光を浴びることでその力が強くなるといわれています）。ドライローズマリーの場合は、ドライフラワーが入った小瓶と一緒に入れて軽く混ぜてください。

室内の明るい場所（窓のふち・リビングなど）にそっと置き、飾ります。同じ種類の花びらが収穫できる頃を目途に、土に還してください。

※アロマオイルとムエットが用意できる場合は、調合したドライフラワーの種類のうち 1 種類の精油をムエットに 2 滴ほど垂らし、小瓶にそっと差し込みます。精油の種類によって異なりますが、1 週間程度で替えるかムエット本体を処分してください。

3月

四旬節に食する魚料理

15世紀頃　オランダ方面

　復活祭（イースター）前の準備期間のことを四旬節（レント）と呼びます。この期間中は乳製品や肉にまつわる食材の使用は禁止されていたため、油も植物性のものを使うようにしていました。四旬節の決まりに基づいたレシピとなるため、全体的にたんぱくな味になっています。味気ないように感じる場合は少し塩を足して調整してください。

< 材 料 >

長ネギ（リーキ推奨。なければ太めの長ネギでOK）	**1本**
えだ豆またはそら豆	**1/2カップ分**
玉ねぎ	**1/2個**
ニシンの燻製（またはサーモンの切り身を焼いたもの）	**2〜3匹程度**
新鮮なサバ	**1〜2切**
白ワイン（色的に気にならない場合は赤ワインでも可）	**300cc**
塩	**小さじ1**
コショウ	**少々**
オリーブオイル（炒める用）	**適量**
パン（フランスパンなどの硬めのパン推奨）	**大さじ4〜5**
下茹で用のお湯＋塩小さじ1杯程度	**適量**

< 作 り 方 >

1. ニシン（またはサーモン）は皮を取り、身をある程度までほぐします。

2. サバは水で軽く洗い、お湯をたっぷり入れた鍋に入れて10〜15分ほど下茹でし、茹で上がったらあら熱を取ります。冷めたら粗めに身をほぐし、骨がある場合は取り除いてください。

3. パンはオーブントースターなどでカリカリになるまで焼き、おろし金ですり、粗めのパン粉を作ります。

4. フライパンにオリーブオイルを入れて熱し、みじん切りにした玉ねぎを入れてしんなりするまで炒めます。薄く切った長ネギを加え、さらに3〜5分程度炒めます。

5. ワイン200cc分と塩・コショウ、パン粉を加えて、弱火にして3〜5分ほど軽く混ぜ合わせます。水気がなくなってきたらワインを少し足してください。塩気が少ないようであれば塩を適時足して調整してください。

6. えだ豆またはそら豆とほぐしたニシンとさばを加え、ワイン液がなくなるまで弱火で煮込みます。上からふたをして蒸し焼きにしてもいいでしょう。

7. 液体がおおむねなくなったら火を止め、あら熱をとります。冷めたらお皿に取り出してください。

清き川面の花占い

　雪解けが進むと小川に流れる水も少しずつ勢いを増していきます。暗い冬から喜びの春へと向かう時期、凍っていた川の水は「清らかなもの」として神聖視されていました。

　雪が止み、大地が少しずつ現れる時期になったら「花が咲いている（または咲きかけている）早春の野花」を探してみましょう。一番最初に見つけた花を数本摘み、足元に気を付けながら、川の流れが比較的ゆるやかな場所を見つけ、内なる思いを念じながら静かに花を流します。花を探す時に気をつけるべき点は以下の通りです。

注 意

※茎や葉の部分は切り落とし、花の部分だけを占い用として使う

※枯れている花、または枯れかけている花は使わない

　（前の年のものは「古きもの」として占いには不向き）

※薬草（ハーブ）の花は花占いとして使わない

　（薬草そのものに魔除けの力があり、忌み嫌う精霊がいるため）

　無事に花が下流のほうまで浮いた状態で流れれば穏やかな春が訪れ、途中で沈んだり浮いたりした場合は前の年と変わらない春が訪れ、水の勢いですぐに沈んでしまったら注意して春を過ごすよう、警告がくだされます。

　早春の川の流れは日によって大きく変わります。勢いよく流れる時は避け、穏やかに流れる時を見極めて占ってみるといいでしょう。「春の精霊たち」の気持ちが落ち着いている頃に行うのが、一番良いのですから。

3月のカレンダー

～或る領地に住まう一人の若い農夫が書き残した日々の記録～

1	四旬節・第二主日	
2		
3		
4	荘園の畑の見廻り	・悪天候時は翌週に延期
5	ぶどう畑の剪定作業	・枝の切り落としなど
6		
7		
8	四旬節・第三主日	
9		
10		
11	荘園の畑の見廻り	・雪が多い場合は雪かきをしておく
12	ぶどう畑の剪定作業	・枝の切り落としなど
13		
14		
15	四旬節・第四主日	
16		
17	荘園の畑の見廻り	・悪天候時は翌週に延期
18	ぶどう畑の剪定作業	・土の肥料を与えて土壌を整える
19		
20		
21		
22	四旬節・第五主日	
23	荘園の畑の見廻り	・雪が多い場合は雪かきをしておく
24		
25		
26	野花の摘み取り	・雪解けの川に流して春の占いをする
27		
28	街へ買い出し	・食糧庫の不足品を購入
29	四旬節・第六主日	
30	荘園の畑の見廻り	・雪が溶けていれば雑草とりなど
31		

4月 春を祝う「復活祭」での 邪気払い

After spring carnival

　待ちに待った「喜びの春」の到来。人々はどんなに心待ちにしていたことでしょう。凍った大地の下に眠っていた草花は、再生の証として色鮮やかな花を咲かせ、時間が止まっていた樹木たちはその枝葉から緑色の新たな葉を芽吹かせます。動物たちも大地へと放たれ、喜びの春を共に祝います。

　「復活祭」は、まさに春を祝うにふさわしい祝祭。長らく口にできなかった食材もいよいよ解禁となり、希望の光の先へと再び歩み始めます。

春のローズマリーウォーター

　復活祭の時期は多くの香草も少しずつ枝葉を伸ばし始めます。その中でも香り高いローズマリーは、さまざまな薬用の効能がある一方で、聖なる力を宿らせると信じられていました。また、火にくべると独特な強い香りがすることから「退魔のハーブ」として多くの人々に広く使われていました。

　清らかな水に浸したローズマリーウォーターは、簡単にできる魔除けと美容の水です。新鮮なローズマリーの小枝を入手できるようでしたら、ぜひ試してみてください。

万能なローズマリーの注意点

　ローズマリーは芳香性ハーブの中でも幅広く使える万能種。料理では肉の臭みとりやハーブティの原料として、また気分を落ち着かせる作用やリラックス効果があるためアロマとしても楽しめます。日本の気候でも比較的育てやすいこともあり、園芸店やホームセンターにも苗を取り扱うことが多くなりました。

　さまざまな種類があり、料理向け・観賞向けなどの用途説明が添えられていますので、目的にあわせて購入するようにしてください。繁殖力はかなり強いので、地植えをする際は適度なお手入れをしないと悲惨な目に遭うことがありますのでご注意を。

ローズマリーウォーターの作り方

用意するもの

・**新鮮なフレッシュローズマリー**：2 〜 3 本[1]
・**ミネラルウォーター**：1 リットル程度[2]

任意で用意（なくてもOK）

・（飲料として使う場合）**スライスレモン**：2 〜 3 枚

※1 スーパーの野菜コーナーに小袋に入った料理用ローズマリーが売られていることが多いです。スパイスコーナーにあるドライタイプではないので注意してください。
※2 炭酸水は避けてください。

1 新鮮なローズマリーの小枝を軽く水で洗います。

2 ボウルにローズマリーを入れ、ミネラルウォーターを適量注ぎます。常温の場合は半日ほどそのままにして出来上がりです。

※手早く使いたい場合は、ミネラルウォーターをやかんやポットに入れて沸騰させたお湯を注ぎ、5 〜 10 分程度待っていただければ出来上がります。

＜足浴・手浴で使いたい場合＞

　お好みの温度のお湯を張った洗面器を用意し、滲出したローズマリーウォーターを適量加えます。ほんのり香りがしてきたら手または足を入れてじっくり温めます。

＜飲料として使いたい場合＞

　氷を入れたグラス（またはガラス筒）にミネラルウォーターを注ぎ、さらに1/2程度の量のローズマリーウォーターを加えて軽く混ぜ合わせます。お好みでスライスレモンを入れると、爽やかなローズマリードリンクができます。なるべく早めに飲み切るようにしてください。

＜化粧水（洗顔）として使いたい場合＞

　常温のローズマリーウォーターをそのまま顔につけてなじませます。初めての場合は事前にパッチテストを行い、皮膚に問題がないかを確認してください。

魔除けのストローイング

　中世ヨーロッパでは、芳香性の強いハーブを使った「ストローイング（Strewing）」という儀式を執り行うことがありました。「まき散らす」という意味を持ち、広間または玄関付近の床にハーブをばらまいて来訪した客人に踏んでもらいます。踏まれたハーブは床に擦られるような形になり、より強い香りを出します。これが魔除けの役割を担っていたのです。

　まず儀式のために、フレッシュローズマリー（枝に葉がしっかりついているもの）を用意しましょう。ストローイングにはかなり多い量のローズマリーを必要とします。ローズマリーを育てている人がいれば分けてもらえるか交渉してみてもいいでしょう。時期によってはハーブ農家さんが運営している通販サイトで買える場合もあります。

　そして（できれば朝摘みした）ローズマリーの葉がついたままの小枝を玄関または多くの人が通る広間などの床に適当に散らします。行き交う人に踏んでもらえば香りがより強くなります。寝る前など、人が行き交うことがなくなった時を見計らってほうきとちりとりでかき集め、火にくべて焚き上げてください。焼いた時の煙も、退魔の効力があるとされます（虫よけにもなります）。

4月のカレンダー

～或る領地に住まう一人の若い農夫が書き残した日々の記録～

1		
2	荘園の畑作業	・雑草とり / 土起こし / 種付け作業など
3	荘園の畑作業	
4	荘園の畑作業	
5	復活祭	・制限食材の解禁
6	復活祭に伴う宴会	・領主の館で簡単な宴会に参加（客人として）
7		
8		
9		
10		
11	管理している庭園の見廻り	
12	荘園の畑作業	・薬草の採取 / 野花の採取
13	ぶどう畑の見廻り	・剪定した後の生育状況を確認→責任者へ報告
14		
15	街へ買い出し	・食糧庫の不足品を購入
16		
17		
18		
19	荘園の畑作業	・雑草とり / 土起こしなど
20	荘園の畑作業	
21	荘園の畑作業	
22		
23		
24		
25		
26	管理している庭園の見廻り	
27	管理している庭園の作業	・薬草の採取 / 種付け作業など
28	ぶどう畑の見廻り	・生育状況を確認→責任者へ報告
29		
30		

「五月祭」で
無病息災と豊穣を願う

May fair

　5月は「緑の月」。凍てつく冬の檻から解き放たれた多くの植物たちがよりいきいきと輝く時。人々はあらゆる自然の恵みに感謝を捧げ、この先も安定した日々が続くよう「喜びと敬いの祭り」をささやかに開きます。

　ヨーロッパで昔から各地で行われる「五月祭（メーデー）」は、日本でもその言葉を耳する機会が増えてきました。また、5月は植物が豊かになる季節柄、この先の行く末を知る占いや安寧を願うおまじないの種類が多い月ともいわれています。

　もし近くに公園や森などがあれば、ちょっと散策しながら占いやおまじないの材料を探してみてはいかがでしょうか？

 五月祭の一輪差し

草花が著しく育つ5月は、たくさんの色鮮やかな花を摘む機会に恵まれます。公園や道端でも、小さな花を見かけない日はありません。草花はいつの世も心を癒し、安らぎを得られる存在。一部の地域では、春を司る精霊（または妖精）が通った後に咲く花を摘めば、その恩恵を得られるといわれたそうです。慌ただしく行き交う精霊たちのひと時の休憩場として、吊り下げられる野花の一輪挿しを作ってみましょう。

JAPAN TIPS

野草の摘み取りに関して

野草摘みは比較的簡単にできるアクティビティですが、一部の公園や指定されたエリア（植物園）などでは採取禁止の場合があります。心配な場合は管理施設に問い合わせをしましょう。

また稀に素手で摘み取る方を見かけますが、鋭いトゲがあったり、折り取ったところから流れ出る樹液でかぶれる可能性がありますので、できるだけ軍手をしたほうが安全です。

どうしても野草採取が厳しい場合は、お花屋さんの花を買って使っていただくのが無難です。せっかく精霊がやってくるよう願うアイテムを作るのに、ご自身の負のストレスをためるのはよくないですからね。

一輪挿しの作り方

※写真の野花はイメージです。

用意するもの

- **近くで摘んだ野花**：適量
  （数種類でも、1種類だけに留めてもOK）※1
- **小ぶりの牛乳瓶、または細長い小さな花瓶**※2
- **麻ひも**：適量
- **両面テープ / セロテープ**：適量
- **輪ゴム**：2～3本
- **はさみ**

※1　季節の花を買って代用する場合は、花のサイズが大きい種類（バラ・ユリなど）はできるだけ避け、比較的小さめの花にしましょう。必ず花びらがあるものを選んでください。

※2　極端に重たいものは避けましょう。

---

1 野花は茎の部分を10cm程度残し、葉は取り除きます。

2 小瓶は軽く中を水洗いし、水気をふきとります。

3  麻ひもをお好みの長さ（最低70～80cm）で2本分とり、それぞれの真ん中の位置でクロスさせて結びます。クロスさせた部分に瓶の底面を合わせ、テープを貼って固定します（後で剥がします）。

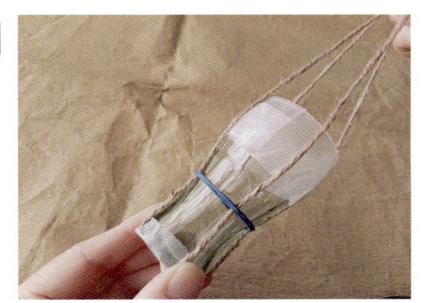

伸ばした麻ひもを上に引っ張り、瓶の中央部分を輪ゴムで止めます（後で取ります）。

瓶のくびれ部分に両面テープを麻ひもの上から1周分ぐるりと貼ります。両端は引き上げた麻ひもの部分でそれぞれ結びます。輪ゴムはここで外してください。

両面テープを貼った部分に麻ひもを巻きつけます。ガラスが見えないぐらいグルグル巻きにするのがポイントです。底面に貼ってあるテープははがします。

瓶の半分程度のところでぐるぐる巻きにした部分に麻ひもを通して固結びをし、ひもを上に引き上げて4本まとめて結びます。水を瓶の1/3程度入れ、お好みの花を入れて飾ってください。

5月

鮮やかな緑のソース

14世紀以降　イタリア

肉・魚料理などなんでも使える中世イタリアの万能ソースです。ハーブを多用するため、配合には十分気をつける必要があります。客人が好む味に微調整してください。

< 材 料 >

フレッシュマジョラム[1]	2 ～ 3 本
フレッシュミント	2 ～ 3 本
フレッシュセージ	1 ～ 2 枚
フレッシュパセリ	2 ～ 3 房
生ニンニク	1 かけら
松の実	20g
ハチミツ	大さじ 1
オリーブオイル	大さじ 1
ワインビネガー	大さじ 3
パン粉（粗め）	20g
塩	少々

[1] 季節によって入手しづらいものあるので、上記の生ハーブが 1 ～ 2 種類あれば OK です。

< 作 り 方 >

1 乳鉢またはブレンダー（フードプロセッサー）にすべての材料を入れて潰すように混ぜ合わせます。水分が足りないようであれば微量の水を足してください。乳鉢を使う場合は、鮮やかな緑色になるまで根気よく潰しながら混ぜます。ゆるいピューレ状になれば OK です。

2 豪華なソース容器に入れてメイン料理と一緒に出してください。

サンザシの小枝

セイヨウサンザシ（English hawthorn）はバラ科の落葉樹で、5月頃に白色や薄桃色の花をたくさん咲かせることから別名「五月の花 / メイフラワー（May's flower)」と呼ばれています。古の時代から「魔法の木 / 魔力を帯びた木」と信じられ、サンザシの枝から作った杖や装飾品は強い魔力を纏うといわれました。魔除けの力もあるといわれますが、これは秋になる実が特徴的な匂いを発することに由来しているのかもしれません。

日本では別の種類として「サンザシ（山査子）」があり、ここで説明しているセイヨウサンザシとは少し異なります。

5月頃、白い花が咲いている木があれば、それはおそらく魔除けの木です。木の下に落ちている小枝を何本か拾って家に飾れば立派な魔除けアイテムとなります。透明な空き瓶があればそこに挿すだけでもいいでしょう。鋭いトゲがついていることがあるので、取扱いには注意してください。

ただ、いかに強い力をもっている木でも、無断で切り倒したり折りとったりしてはいけません。たとえ黙っていても精霊たちはどこかで必ず見ているもの。ひどい目にあいたくなければ、むやみやたらな行動は慎みましょう。

５月のカレンダー
〜或る領地に住まう一人の若い農夫が書き残した日々の記録〜

1	五月祭の準備	・塩漬け肉 / 小麦の備蓄量確認
2		・五月祭の焚き火の場所を確保 / 薪を集める
3		・五月祭用の装飾に使う草花を集める
4		・五月祭用の「緑の料理」の仕込み手伝い
5	五月祭	・自宅で客人を招いて宴会を行う
6	五月祭の片付け	・「大地還し」に使う植物を集めて火にくべる
7		
8	荘園の畑の見廻り	
9	荘園の畑作業	・雑草とり / 種付けした収穫物の生育状況を確認
10		
11	街へ買い出し	・食糧庫の不足品を購入
12		
13		
14		
15	管理している庭園の見廻り	
16	荘園の庭園作業	・雑草とり / 種付けした収穫物の生育状況を確認
17		・過剰に採取できた薬草を近隣の施療院に届ける
18		
19		
20		
21		
22	荘園の畑の見廻り	
23	荘園の畑作業	・雑草とり / 種付けした収穫物の生育状況を確認
24		
25		
26		
27		
28		
29	管理している庭園の見廻り	
30	街へ買い出し	・食糧庫の不足品を購入
31		

初夏の繁殖と成長を祝う「夏至祭」

Summer solstice

　遥か古（いにしえ）の時代から「太陽が最も高く昇り、強い力を得られる」といわれてきた夏至は「太陽の再生の始まり」であり、現在でも「古の時代から続く伝統儀式」として盛大な祝祭を執り行う地域が多く存在します。

　初夏の草花の中でも「セイヨウオトギリソウ（セントジョーンズワート）」というハーブは夏至の頃に花が咲くとされ、もっとも強い力を得るとされます。中世ヨーロッパの一部地域では、この夏至の時期に合わせて魔除けの束を作り、軒先に飾っていました。

夏至の魔除けグッズスワッグ

　ドライフラワーやハーブを束ねた「スワッグ（swag）」は比較的簡単に作ることができます。色鮮やかなドライフラワーを束ねたものが主流ですが、昔から作られていたスワッグはハーブが主体でした。ハーブは虫よけの効果も兼ねる種類があるので、防虫剤としても使えます。

　もし、本来の魔除けの力を求めたいのであれば「夏至当日の日の出前に摘み取った新鮮なハーブ」を使うことをおススメします。早起きをしなければいけないのが難点ですが、ご興味があればぜひチャレンジしてみてください。

ハーブの乾燥タイミング

　できれば屋外で自然乾燥させるのが理想的なのですが、日本の場合、夏至の頃にあたる6月はちょうど雨が降り続く梅雨シーズン真っ只中。家の中に除湿器が常時稼働している部屋があれば、そこで乾燥させてもいいでしょう。

　ちょっと難しいという場合は、お菓子などについている乾燥剤を大きめのフリーザーバックや密閉できる瓶に入れ、乾燥させたいハーブを入れて数日置くという方法もあります。その際は湿気が入ってこないようにしっかりと封をしておき、家の中で比較的乾燥している部屋に置いておくようにするのがポイントです。

スワッグの作り方

用意するもの

・**4 ～ 6 種類ほどの新鮮な季節のハーブ・野花**※

・**麻ひも**

・**ハサミ**（園芸用を推奨。ない場合は普通のハサミでも OK）

・**輪ゴム**

※魔除けの効果があるとされる主要ハーブ（ローズマリー・タンジー・ヘンルーダ・ペパーミント）などを 1 種類以上入れておくとなおいいでしょう。

1. 摘み取る日を決めたら、「収穫当日の日の出時間」を予め確認し、必要なハーブや野花を摘んでいきます。魔除けの力があるといわれるハーブがあればそれを優先して摘み取ります。トゲなどがある場合は、必要に応じて軍手などをしてください。

2. 概ね 4 ～ 5 種類ほど摘んだらテーブルの上に紙を敷き、種類ごとに並べていきます。根元部分に葉がある場合は取り除きます。

3. 種類ごとに束にしたら、根元の部分を輪ゴムでしばっていきます。ゆるみのないように巻いてください。

麻ひもを根元の上の方で固結びにし、下に向かって巻いてきます。きつく縛らないようにしてください。

下まで巻けたら、麻ひもの上の部分に通していきます。

上の部分を通したら一番下の巻きつけた部分に麻ひもの先端を通します。

麻ひもの先端部分に輪をつくって結び、ひっかける部分をつくります。

8 葉の部分を下にした状態で屋外に吊るし、風通しのいい場所で乾燥させます。水気がほぼなくなったら完成です。玄関やベランダなどの「人の出入りが多い場所」に飾ってください。

※概ね2～3か月ほど経過したら火にくべて焼くか土に混ぜて大地に還します。可燃ゴミに出しても問題ありません。

43

夜明けの草花の露集め

　中世ヨーロッパでは「夜明け前、太陽の光が当たる前の時間に草花についた露を手に取り、顔につけることで光（またはその草花が持つ力）の恩恵が得られる」と信じられていました。

　草花に露がつく要因のひとつに「朝露」が挙げられます。朝露に関しては一定の気象条件が合致した場合に見ることができます。

> 条件 ✳ 前の日の夜の放射冷却が強くなっていること
> ✳ 一日の寒暖差が激しい季節（春先や秋のはじめなど）

　ただ、日本をはじめとした一部の国や地域では、夏至の時期はあまり朝晩の寒暖差はないことが多く、朝霧を見られる日はそう多くはありません。

　もうひとつの要因は「草花が自ら放出する水分」です。植物の種類によっては、一定の貯水量を超えると水の管（水孔とも）から余分な水分を出すことがあります。こちらに関しても一定の自然環境下における気象条件があります。

> 条件 ✳ 湿度がほぼ100％で気温が比較的低い環境であること
> ✳ 早朝または夜間であること

　気候は毎年変動しますので、毎日必ず露がつくというわけではありませんが、昔の人々から見れば貴重な自然の恩恵そのものだったのかもしれません。

6月のカレンダー

~或る領地に住まう一人の若い農夫が書き残した日々の記録~

1	夏至祭準備期間（1）	・夏至祭の焚き付け用木材の伐採作業 （農作業と並行して行う）
2		
3		
4		
5		
6	管理している庭園の見廻り	
7		
8	街へ買い出し	・食料庫の不用品を購入
9		
10		
11		
12	管理している庭園の見廻り	
13	夏至祭準備期間（2）	・焚き付け用の焚き火台設置（村／庭園用）
14		
15		
16		
17		
18		
19	管理している庭園の見廻り	
20	夏至期間	※移動祝日のため流動的となる（6/20〜6/24前後）
21	夏至祭準備期間（3）	・夏至祭の食材集め（鶏・卵など）
22		・夏至祭の料理の仕込み
23	夏至前夜祭	・採取した焚き付けの木で火を灯し、くべる （夜明けまで絶やさず火を管理する） ・夏のハーブを摘み取り、混ぜ合わせて枕 のそばに置く （ラベンダー・マグワート・バラなど）
24	夏至祭	・夏至の香草の摘み取り（夜明け前） ・森の果実／採取期間最終
25		・摘んだ夏至の香草を軒先に飾る
26	管理している庭園の見廻り	
27		
28		
29		
30		

神聖な護符代わりの
「緑の樹木のリース」

Early summer garland

　6月の夏至の時期が過ぎると、いよいよ麦畑や野菜、果物の収穫作業が本格化します。薬草園でもたくさんの薬草がぐんぐんと育ち、適切な大きさへと成長します。領主から薬草の庭を任された管理人たちは、日々の天候を確認しつつ、収穫や乾燥作業などを行っていたのでしょう。

　ここでは夏の時期によく使われたとみられる樹木の魔除けツールを簡単にご紹介します。

緑の樹木のリース（現代アレンジ）

　収穫期を迎えた畑や庭園には、たくさんの栄養素を吸った「雑草」も生い茂っています。現在と同様、適度に刈り取らないと作物に影響がでてしまいます。刈り取った雑草の大半は燃やしてしまいますが、丈夫そうな蔓がついた葉はとっておき、これからの豊穣を願う「緑のリース」を作ってみてもいいでしょう。

　ただ、現代では長い蔦がついた葉は山や森林に行かないとなかなか入手できないので、少し現代版のアレンジを加えたリースを作ってみます。

魔除けツールを飾る場所の選定

　自然素材で作る魔除けツールは玄関先やベランダ、お部屋の片隅に飾るのが理想ですが、生花や摘みたてのフレッシュハーブなどは水を吸わなければだんだんと乾燥していきます。種類によっては数日でポロポロ落ちてきたり、まるごともげるということも少なくありません。そこで飾る位置に関しては「真下に落ちても問題ない場所（お掃除しやすいなど）」を選ぶようにしてください。

　また、「お風呂・お手洗い」は常時湿気が高く虫がつきやすくなるので、そこも避けるようにしましょう。

緑の樹木のリースの作り方

用意するもの

- **幅の広い緑色のリボン**：3m 程度
- **籐、または木製のリース台**：直径 20 〜 25cm 程度のもの（100 円ショップで入手可能）
- **麻ひも**：適量

任意で用意（なくてもOK）

- **乾燥した赤い実、または季節のフレッシュハーブ**（ミント・ローズマリー・ラベンダーなどを推奨）

リース台の頂点を確認し、リボンの先端の少し長めに出し、リース台に沿ってぐるぐると1周分を巻き付けていきます。

リボンとリボンの間は5〜8cm程度空けてください。

続いて2周分を巻きつけていきます。2で予め空けた部分にリボンを巻きます。1周目と2周目のリボンの間は1〜2cm空けておきます。

2周分巻きつけたらリボンの間隔を調整します。少しリースの土台部分が見えても大丈夫です。

麻ひもの先端をリースに結びつけ、1周目と2周目のリボンの間に挟み込むように巻いていきます。少しきつめに巻いていくといいでしょう。

麻ひもを1周分巻いたらもう一方の先端部分をリースに結び付けます。

装飾用の赤い実や新鮮なハーブがあればリースに差し込みます。

8 玄関先やお部屋ベランダの近くなどの「人がよく通るところ」に飾ります。

※「緑のリース」は、16世紀以降のヨーロッパで「不眠を軽減する力がある」と信じられていたようで、蔦が入手できない時は緑色のリボンで代用していたそうです。

夏の蔦葉のリース

　前述した「緑のリース」の生葉と蔦を用いたものですが、使いやすいのは「ブドウの蔦と葉」で、ブドウ畑で採ることができます。農場主の許可なく入ることは許されないので、事前に相談するようにしてください。

　夏限定になりますが、ヘチマの蔦と葉も使うことができます。ただ葉っぱが大きいので数枚に留めて後は切り落としてもいいかもしれません。観葉植物のアイビーも巻きやすく使いやすいです。季節の切り花も添えるとグッと見栄えがよくなります。

処分について

※数日後、葉が枯れて落ちかけていたら葉を取り除いて処分します。
※概ね2週間ほど経過したら蔦の部分も外して処分してください。

7月のカレンダー

~或る領地に住まう一人の若い農夫が書き残した日々の記録~

1	食糧庫の整理	・不足物の確認
2		
3	管理している庭園の見廻り	
4	麦畑の見廻り・手入れ	
5		
6	街へ買い出し	・「夏の豊穣祭」に必要なものや食糧庫不足物を購入
7		
8		
9		
10	管理している庭園の見廻り	・雑草の定期刈込を含む
11	麦畑の見廻り・手入れ	
12		
13		
14		
15	「夏の天候」の日	・この日の「天候」を全員で確認する
16		
17	管理している庭園の見廻り	
18		
19		
20	領主の館へ	・今年の見込収穫物の報告に向かう
21		
22		
23		
24	管理している庭園の見廻り	
25	麦畑の見廻り・手入れ	
26		
27		
28		
29		
30		
31	管理している庭園の見廻り	

「豊穣の儀式」で
大地の精霊を称える

Celebrating a summer harvest

日差しが照り付ける夏。

黄金色に染まった麦畑は、昔から多くの人々にとって最大の収穫物であり、大地からの恵みの賜物でもありました。この麦穂の出来によって、この先1年の食糧の確保の是非が決められます。

気候のコントロールは人間では決してできないこと。もし大地の精霊の機嫌を損ねてしまうような無礼を働けば、そう遠くないうちに災厄が降り注ぐかもしれません。

大地の精霊に感謝する歌を歌いながら、来年の今頃も豊作であることを願う「豊穣の儀式」を執り行い、精霊への敬意を払います。

「豊穣」を称える儀式

　麦の収穫はその年の気候に大きく影響されます。収穫前に大雨が降れば麦が水分を吸収してしまい、乾燥した小麦がとれなくなる恐れがあります。逆に干ばつや高温が続けば麦そのものにダメージが生じます。

　麦はパンだけではなく、パスタやパイ生地の元となる最重要食材。収穫が不安定になってしまえば、芋づる式で多くの料理に影響が出てしまいます。昔の人々は安定した収穫を願い、感謝を込めた豊穣の儀式を行っていたとされます。

　今はスーパーなどで容易に入手できますが、ぐっと値上がりしてしまうと手にとりづらいもの。ささやかな気持ちも込めて、自宅でもできる小さな豊穣の儀式をご紹介します。

JAPAN TIPS

パンの処理方法

　儀式で使用するちぎったパンはお庭に撒いていただいてもいいですが、マンションやアパートなどの集合住宅にお住まいで撒ける場所がない場合は、あえてパンをちぎらず、そのままお召し上がりいただいても大丈夫です。大地の恵みに感謝する気持ちを捧げていただけば、大地の精霊も喜ぶことでしょう。

豊穣の儀式の仕方

用意するもの

- **お好みのパン**（予め切り分けておく）[1]
- **レーズン、くるみなどのドライナッツやフルーツ**：適量
- **籐の編みかご、または木製の編みかご・平皿など**：1 セット[2]

[1] ドイツ・フランスパンなどのハードブレッド（固めのパン）推奨。菓子パン・惣菜パンは控えてください。
[2] どうしてもない場合は陶器の平皿でも可。無地ものを推奨。

1

「太陽が最も高く昇る時間」を予めインターネットなどで調べておきます。ご自身が住んでいる地域の時間で構いません。

2

時間になる前までに、籐の編みかごに切り分けたパンとドライナッツやフルーツを適量並べます。

3

「太陽が最も高く昇る時間」になったら屋外の太陽の光が当たる場所に編みかごを置き、目を瞑って軽く会釈をし、今年の豊穣への感謝の気持ちを心の中で 1 分ほど捧げます。

4

捧げたパンのうち 1 枚分（または一切れ分）は細かくちぎって庭の土にまきます。その他の余ったパンとドライナッツ・フルーツは、夕食などの食卓に出して食べ切ります。

※儀式に捧げたパンはなるべくその日のうちに食べ切るようにしてください。冷凍して後日食べる行為は、大地の精霊に対して失礼になるので避けましょう。

「ホタテ貝」の花びら集め

　夏は貝や魚の海鮮焼きをするにはもってこいの時期。外で食べる焼きたての味はまた格別なものです。特に人気な海鮮のひとつがホタテ貝ですが、中世ヨーロッパでもホタテを使った料理はそう多くはないものの、南欧を中心にあったとされます。

　現在でも巡礼の象徴としてホタテ貝のマークを見かけますが、「再生・豊穣」の意味をもち、中世ヨーロッパでも「神聖なるもの」として位置づけられました。そのホタテ貝は、お皿や入れ物にも使えてとても便利で、キャンドル立てにも向いています。

　ホタテを食べ終わったら水でよく洗い、貝柱などがついている場合は取り除き、数日日干しします。家で活けた花や摘み取った花をそっと乗せて、お好みのアロマオイルを数滴たらせば、とても可愛らしいポプリになります。

　昔の人々は、自然の恵みから賜ったものはさまざまな形で再利用し、無駄のないように使っていました。こういった自然由来のものを使った装飾は、時に華やかな空間を与えてくれます。

8月のカレンダー

～或る領地に住まう一人の若い農夫が書き残した日々の記録～

1	「麦の収穫日」の確認	
2	豊穣の儀式	・荘園内にいる住人全員で行う。焼いたパンの贈呈
3	麦の刈り取り作業	・太陽が昇る頃から作業を始める
4	麦の刈り取り作業	・太陽が落ちる前までに作業を終わらせる
5		
6	管理している庭園の見廻り	
7	麦の刈り取り作業	・雑草の定期刈込を含む
8	麦の刈り取り作業	
9	麦の刈り取り作業	
10		
11		
12		
13	管理している庭園の見廻り	
14	麦の収穫作業	・脱穀作業も合わせて行う
15	麦の収穫作業	・お昼頃まで
16	街へ買い出し	・食糧庫不足物を購入
17		
18		
19		
20	管理している庭園の見廻り	・雑草の定期刈込を含む
21	麦の収穫作業	・穂のふるい落とし作業も合わせて行う
22	麦の収穫作業	・お昼頃まで
23		
24	ぶどう畑の見廻り（交代制）	・生育状況を確認
25		
26		
27	管理している庭園の見廻り	
28	刈り取った後の麦畑の手入れ	
29		
30		
31		

神聖なる「ジンジャー」で疫病退散

The "Ginger" talisman

　中世ヨーロッパの頃に書かれた、料理や食材にまつわる「記録の書」。現在のように、料理レシピ本という概念はあまりなく、医薬や薬草、修道院長の日記などの記録の一端として、簡易的な紹介が記されている程度でした。

　その料理にまつわる記録の中に「ジンジャー（生姜）」の記載がかなり多く見られます。本来の食材としての利用のほか、薬の調合材料として、時には退魔の材料としても使われていたようです。この項ではそんな「ジンジャー」に焦点を当ててみたいと思います。

退魔のジンジャーシロップ

ジンジャーは中世ヨーロッパにおいて庶民でも比較的手に入りやすい食材のひとつで、料理のほかに薬としての利用も兼ねていました。現在のように医者に頼らず、自分自身で治さねばならなかった時代、身近なジンジャーはなくてはならないものでした。

当時は「病に冒される＝悪魔（または悪しき精霊）に脅かされる」と信じられていたとされ、身体の調子が悪くなった時は粉末状にしたドライジンジャーを食事に混ぜていたようです。

現在でも「風邪をひいたときはハチミツ生姜湯を飲みなさい」と薦められますが、その言葉の通りの効果があることは、飲んだことのある方ならご存じでしょう。

ジンジャーの種類

日本のスーパーで取り扱っている一般的なショウガは「囲い生姜」と言われる種類で、収穫から2か月以上経ったものを指します。時期によっては「新生姜（根生姜）」も入手できます。新生姜は生食に向いているので、シロップ作りにも使えますが水分が出やすいので長期保管にはあまり向きません。

また、パウダー状のジンジャーを使う際、稀に別の調味料が含まれる「混ぜ物」が入っている場合があります。純粋なジンジャーであるかどうか事前に確認してから買うようにしましょう。

ジンジャーシロップの作り方

用意するもの

- **生ショウガ**：1 かけら（予め薄切りにします）
- **ハチミツ**：適量
- **ドライシナモン**：少々（小さじ 1/2 程度）
- **保存用の瓶**：1 個（平らで深さが浅めのタッパーでも可）

任意で用意（なくても OK）

- **混合スパイス**（粉クローブ・粉ナツメグ）：各小さじ 1/2

※作ったシロップはなるべく早く使い切るようにしてください。
※薄切りのショウガは必ず食べる必要はありません。
※ 1 歳未満のお子様には与えないようにしてください。

1 薄切りにしたジンジャーを瓶の中に入れ、ジンジャーがひたひたになるまでハチミツを加えます。

2 ドライシナモンを加えて軽く混ぜ合わせます。あればほかの混合スパイスも加えます。

3 ラップをかけてふたをし、半日〜1日冷蔵庫または冷暗所に置きます。

4 うっすらと水が出てきたら軽く混ぜ合わせて耐熱カップにスプーン大さじ1程度を入れ、お好みの量のお湯を加えて混ぜてお召し上がりください。味が薄いようであれば少し足して調整してください。

＜冷たいジンジャードリンクを作る場合＞

　上記でできたシロップをコップの中に大さじ2程度入れ、100cc前後のお湯を入れてよく溶かし、たっぷりの氷を入れて冷やしてからお召し上がりください。甘みが足りないようであれば、氷を入れる前にハチミツをスプーン1杯程度加え、よく混ぜ合わせます。

鶏と鳩のシチュー

14 ～ 15 世紀　イングランド

　鳩は中世の食卓には大事な宴会などに登場するもので、普段の食事ではあまり見かけません。鶏と食感が似ていますが、少しレバーのような味がしつつも、ジューシーな肉汁が出ます。鉄分が多く含まれているためと思われますが、匂いを気にしなければ十分美味しい一品です。

< 材 料 >

ハト肉	300 ~ 400g
鶏モモ肉[1]	300 ~ 400g
ドライセージ	小さじ1/2
ドライマジョラム	小さじ1/2
ドライパセリ	大さじ1
にんにく	ひとかけら
ドライジンジャー	小さじ1/2
ドライシナモン	小さじ1/2
ドライクローブ	小さじ1
塩	小さじ1
サフラン	ひとつまみ
チキンスープストック	600 ~ 800cc

[1] ハトがない場合は鶏モモ肉のみ 600g 前後でも可。

< 作 り 方 >

1. ハト肉と鶏モモ肉を食べやすい大きさに切り分け、にんにくはヘタの部分を取り、粗いみじん切りにします。

2. サフラン以外の粉スパイスと塩をすべてボウルに加えて軽く混ぜ合わせます。

3. 深めの鍋に 1 2 の材料をすべて入れ、チキンスープストックを加えてフタをして 1 時間ほど弱火で煮込み、ときどきかき混ぜてください。スープが少なくなってきたら水を足してください。

4. できあがり間際にサフランを加えて黄金色を出し、温かいうちにお召し上がりください。

中世ヨーロッパ版ジンジャーブレッド

　ドイツなどでは人の形をした「ジンジャーマンブレッド」という焼き菓子がクリスマスの時期に作られます。ハチミツとジンジャーをたくさん使うため、昔から魔除けツールとしてクリスマスツリーや玄関の軒先に飾っていたそうです。

　中世ヨーロッパでも「ジンジャーブレッド」という料理レシピは存在しますが、現在のように人の形をした焼き菓子ではなく、ほかの料理で残ったパン屑にハチミツとジンジャーを加えて固めたものでした。ジンジャーを多用したこともあってか、味的にはかなりスパイシーさを感じます。おそらく「悪霊（病）に襲われないよう、身体の免疫をつける」意味があったのかもしれません。以下に簡単なレシピを添えます。

＜ 材 料 ＞

粉ジンジャー：大さじ 2
ハチミツ：大さじ 5 ～ 6
パン屑：大さじ 2 ～ 3
※硬くなったパンをすりおろして使います。
粉シナモン：小さじ 1 / 2

1. 小さなボウルに材料を全部加え、スプーンで混ぜ合わせます。

2. 広めのバットにクッキングシートを敷き、混ぜ合わせた材料を入れて四角い形に形成します。だいたい形になれば OK です。

3. ラップを上からかけて冷蔵庫または冷暗所で 1 日ほど置いたら出来上がり。必要な分だけスプーンですくって召し上がってください。

※味的にもかなり濃いため、1 日スプーンひとすくい程度に留めて置くようにしてください。

9月のカレンダー

～或る領地に住まう一人の若い農夫が書き残した日々の記録～

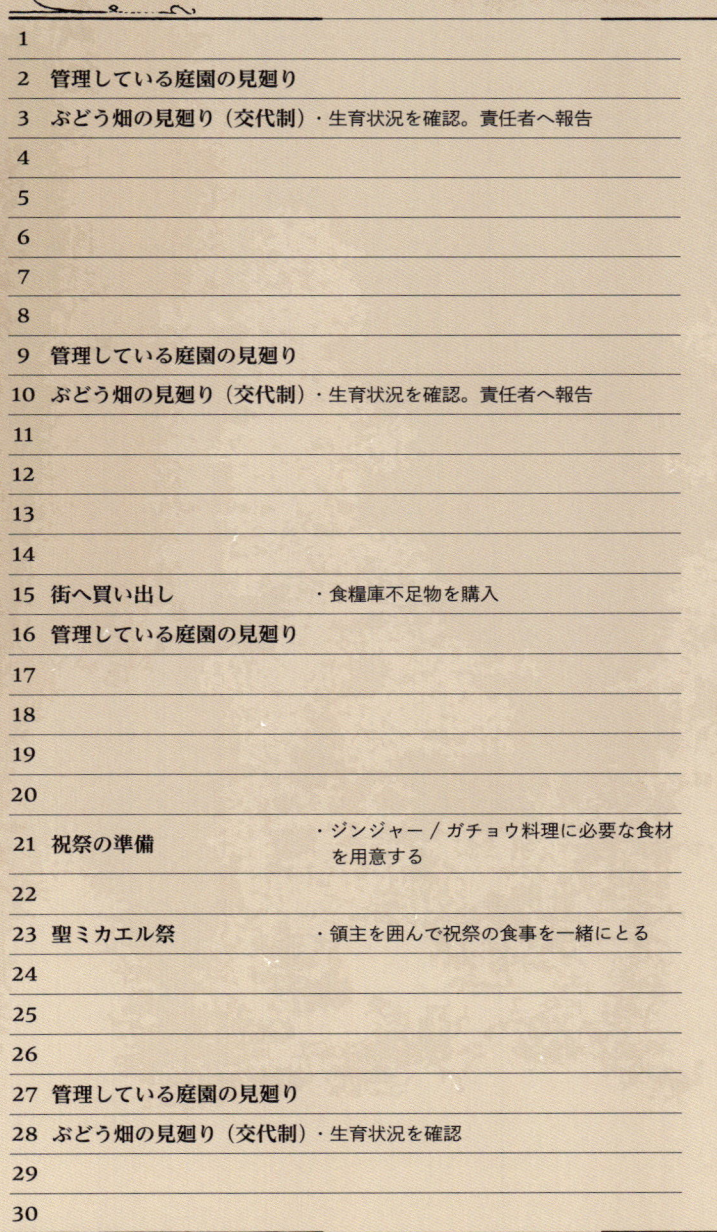

1	
2	管理している庭園の見廻り
3	ぶどう畑の見廻り（交代制）・生育状況を確認。責任者へ報告
4	
5	
6	
7	
8	
9	管理している庭園の見廻り
10	ぶどう畑の見廻り（交代制）・生育状況を確認。責任者へ報告
11	
12	
13	
14	
15	街へ買い出し　　　　　・食糧庫不足物を購入
16	管理している庭園の見廻り
17	
18	
19	
20	
21	祝祭の準備　　　　　・ジンジャー / ガチョウ料理に必要な食材を用意する
22	
23	聖ミカエル祭　　　　・領主を囲んで祝祭の食事を一緒にとる
24	
25	
26	
27	管理している庭園の見廻り
28	ぶどう畑の見廻り（交代制）・生育状況を確認
29	
30	

10月

翌年の運命を視る「小さな秋の占い」

Fortune of little autumn

　暑い夏が過ぎ、少しずつ涼しくなる10月。麦穂の収穫がひと段落すれば、たわわに実るぶどうや秋の野菜の収穫が始まります。9月に「収穫最終日」という日が決められているところもありますが、その年によって収穫時期がずれる場合があるので、あくまでも目安とし、実際の収穫作業を優先しているところも少なくありませんでした。

　この先待つのは凍てつく冬。無事に必要な量を収穫できれば、冬を乗り越えることができるでしょう。備蓄も兼ねて早くからの準備が大切です。昔は収穫作業に勤しむ大人たちの横で、「小さな秋の占い」を作る子供たちの姿があったのかもしれません。

「光」を纏う魔除けの焚き火

　今年に入ってから家のさまざまな場所に飾ってきた魔除けのアイテムは、ここですべて火にくべることができます。晩秋に焚き上げる火は、これからやってくる闇（冬のこと）に対抗できる光の象徴という意味合いがあり、強い魔除けの火の力でもありました。

　各月で作った魔除けのアイテムはしばらくしたら適時焼いたり土に還しますが、もし忘れてしまった場合はこのタイミングで自然に還すのが良いでしょう。一度作った魔除けの素材は、未来永劫効果があるわけではありません。原則としてその年だけに効果があるのです。

秋の収穫占い

　秋の占いやおまじないは「その年の収穫物を使う」ことを良しとします。そのため、必要な収穫物が採れないとどのような未来が待っているか占えなくなるのです。

　この時期に行なわれていた占いのうち、代表的なものを簡単にご紹介します。

木の実占い

ハゼの木から採ったくるみ（または栗・どんぐり）を2個用意し、焚き火または調理用の窯の火に投げ入れます。しばらくしてくるみがはじけ飛んでくる際に、「両方戻ってくれば翌年は豊作、片方だけ戻れば当年よりやや少なめ、2個とも火の中で燃え尽きてしまったら翌年の収穫は要注意」と示されます。

秋の香草占い

10月最初の満月の日（または新月）に摘み取った「秋の魔除けの薬草※」を束ね、寝具の枕元にしのばせます。楽しい明るい夢が見られれば近いうちに良いことが起こり、何も見なければ近いうちに悪い出来事が起こるかもしれないとされました。

※秋に収穫できるハーブはローズマリー・タイム・フェンネルなどが挙げられます。

⟡ 水面のりんご

大きめのたらいかバケツに川の水を
たっぷりと汲み、収穫した小ぶりの
りんごを数個入れて浮かべます。予
め指名された子供たちが手を使わず
に口でりんごを取り上げ、来年の収
穫の是非を問います。

無事に全部取ることができれば干ば
つなどの異常気象に悩まされること
が少なくなる、口にくわえている途
中でりんごを落として割ってしまっ
たら雨や晴れ間が極端に増える可能
性があるので要注意、りんごが沈ん
でしまったら来年の収穫量が減って
しまう……など。地域によって意味
合いは多少異なっていたようです。

JAPAN TIPS

現代といえど守るべきこと

　この項に限らず、「焚き火にくべる」という処理方法が度々登場します
が、『わざわざそのためだけに火を熾すのはもったいない（面倒くさい）の
で、バーベキューの時などに一緒に小さな火種を作って火にくべるのはあ
りか？』という質問をごく稀にいただきます。結論からいうと「NG」なの
ですが、いっぺんにやりたい気持ちも分かります。

　ただ、「魔除けの儀式を行う＝悪しき魔（悪い精霊）を追い払う」という
意味合いを持ちますので、場所はある程度神聖な状態にする必要がありま
す。時短ないしマルチタスクの効率が云々の現代ではありますが、そこは
きちんと線引きをしていただければと思います。

かぶランタン

「ジャック・オー・ランタン(Jack-o'-Lantern)」は、目に見えない数多の霊魂をいさめる役割をもつとされます。現在は大きな園芸用かぼちゃをくり抜き、その中にロウソクやLEDライトを入れて光らせる方式が主流ですが、中世ヨーロッパ以前の時代は野菜の「かぶ」を使っていました。ヨーロッパでは「ルタバガ」というかぶに似た野菜を使うことが多く、少し硬いのが特徴です。日本のかぶは柔らかい種類が主流なので、ランタンを作る時は注意が必要です。

　大きめのかぶを用意して、へたの部分を切り、中身を丈夫なスプーンでくり抜きます。柔らかいのでくり抜きやすいのですが、後でロウソクを入れる際に皮の部分が薄いと焦げてしまうおそれがあるため、少し厚みを残しておくようにします。

　顔と鼻、口の部分をカッターで切りとり、キッチンペーパーで中の水気を吸ったら完成です。灯りはティーキャンドル程度の小さなもので十分です。

※「ジャック・オー・ランタン」は元来鬼火の意味を持ち、10月末のハロウィンで夜通し灯しておくのが慣例となっています。夜明けまで灯すのが難しい場合は、寝る直前に火を消してください。

10月のカレンダー

〜或る領地に住まう一人の若い農夫が書き残した日々の記録〜

1	街へ買い出し	・食糧庫不足物を購入
2		
3	管理している庭園の見廻り	
4	ぶどうの収穫作業	・収穫したぶどうは醸造所に運ぶ
5	ぶどうの収穫作業	・未熟なまま育たないぶどうは別途搾り、調理用で使う
6	ぶどうの収穫作業	
7	ぶどうの収穫作業	
8		
9		
10	管理している庭園の見廻り	
11	ぶどうの収穫作業	・領主の視察あり
12	ぶどうの収穫作業	
13	ぶどうの収穫作業	
14	ぶどうの収穫作業	
15		
16		
17	管理している庭園の見廻り	
18		
19		
20	野鳥狩り	・領主と一緒に野鳥を狩る
21		
22	豊穣祭の準備	・広間の装飾 / 収穫した農産物を並べる
23		
24	荘園の豊穣祭	・領主と一緒に食事をする / 野鳥狩りの結果報告
25		
26	管理している庭園の見廻り	
27	ぶどう畑の手入れ	・翌年分の剪定に向けての準備など
28		
29		
30		
31		

11月

霊を慰め平安を願う
「御霊（みたま）の儀式」

All Souls' day

　秋の豊穣祭が終わると、冬支度や冬至祭に向けて準備をしなければいけないため、1年の中でも慌ただしい日々を過ごします。その前に、11月はじめに執り行う「御霊の儀式」の存在を忘れてはいけません。

　幾千の霊が一夜だけ現世に戻る日に、自分たちの先祖を思い起こし、敬意を払う儀式を執り行います。「聖なる火」を焚くことにより、悪しき魔の力を持つ霊を退け、先祖たちの霊を迎え入れます。1年の中で最も静寂に満たされる日でもあるのです。

聖なる火

　この儀式は日本でいう「お盆」とよく似ています。先祖たちの霊を慰め、平安を願うという意味では、多少やり方が違っても意味合いは同じように見受けられます。

　中世ヨーロッパでは「火」は最も聖なる要素（エレメント）という認識があり、あらゆる邪気を払う力を纏うと信じられてきました。

　古の先祖たちに敬意を払えるよう、この日に執り行う簡単な儀式をご紹介します。ただし、「夜から次の日の夜明けまでかかる儀式」となるため、事前の準備はしっかりとなさってください。

「御霊の儀式」の準備

用意するもの

- **ロウソク**（20cm 程度の長めのもの。ティーキャンドル可、アロマキャンドル不可）
- **ロウソク立て**（小さなお皿で代用可）
- **携帯型ライター・マッチなど火をつけられるもの**
- **小さなバタークッキー**：適量（「ソウルケーキ」が用意できる場合はそれを使います）
- **冷たい牛乳**：コップ 1 杯分
- **平たいかご、または柄のないおぼん**：1 セット

任意で用意 （なくても OK）

- **摘みたてのローズマリーの葉と枝**：適量

1. 平らなかごの上に冷たい牛乳とクッキーを乗せます。お皿に乗せるようにしてください。

2. ロウソクをロウソク立てにしっかり固定し、静かに火を点けます。

3. ロウソクの前に平らなかごを置きます。あれば摘みたてのローズマリーの枝を数本添えます。

4. 「次の日の夜明け」が来るまで、火を絶やさぬよう交代で管理をします。万が一なんらかの要因で火が消えてしまったら急いで点け直してください（暗いままだと、「悪しき霊」がその家に向かってくるからです）。

5. 無事に夜明けを迎えたら火を消し、儀式は終わりとなります。

※捧げたクッキーと牛乳は食べずに先祖の墓または土に埋めて還すようにしてください。

儀式の材料探し

　各儀式に登場する多くのアイテムは、それぞれに重要な意味合いをもちます。できるだけ慣習にならって用意していただくのが良いのですが、どうしても入手できない場合は代用品を使っても構いません。

　よく利用しているのが大手の「100円均一ショップ」。ロウソクから陶器の小皿まで使い勝手の良いものがたくさんあり、大半のアイテムはここでそろいます。

　生花や樹木、ハーブに関しては川や山、森などで採取するのが無難ですが、お花屋さんやDIY店でも取り扱うことが多くなりました。特にハーブは森の中にあるハーブガーデンへ出かけずとも、それほど苦労せずに入手することができるようになったのもありがたいです。材料探しは一見苦労するものですが、意外と楽しい時間でもあります。ぜひ足を運んでそろえていただければと思います。

名もなき農民のスープ

フランス・スペイン等

　フランス南西部・ベアルン地方に伝わったとされるシンプルなスープです。現スペインとの国境近くにあるため、スペインから入ってきた食材も使っていたのかもしれません。特定の記録は残っていませんが、塩気を感じる、素朴な逸品です。

< 材 料 >

材料	分量
燻製ベーコン（塩気が少し強い種類推奨）	100 ～ 150g
ポークソーセージ	100g
玉ねぎ（皮をむいて粗いみじん切り）	1 個
かぶ（皮をむいて乱切り）	小ぶりのもの 2 個[1]
にんじん（皮をむいて乱切り）	2 本
キャベツ	1/2 個
えんどう豆（塩気のないもの）	100g
ローレル	2 ～ 3 枚
塩・コショウ（味付け用）	適量
煮込み用の水	適量

※ 1　大きい場合は 1 個

< 作 り 方 >

1　鍋に水を入れて沸騰させ、ちぎったキャベツを入れて 5 ～ 10 分ほど茹でます。湯切りをしたらあら熱をとり、口に含みやすい大きさに切り分けます。包丁で切るか手でちぎってください。

2　かぶ・玉ねぎ・にんじん・えんどう豆・ベーコン・ソーセージ・ローレルをボウルに入れ、軽く混ぜ合わせます。

3　大きな鍋にたっぷりのお湯を沸騰させ、2 の材料と切り分けたキャベツを加えて 3 ～ 4 時間ほど煮込みます。長ければ長いほど良いです。

4　味付けとして塩とコショウを適量加えて、お好みの味に仕上げてください。

ソウルケーキ

ソウルケーキ（Soul cake）は、中央に十字の切り込みが入った小さなクッキーのことで、万霊節の際にやってくる「善き御霊」が多くの苦しみから放たれることを願う捧げものひとつで、現在でも10月末頃から焼き上げます。

地域によって使う材料や焼き方はさまざまですが、十字の切り込みを入れるのは共通事項のようです。子供たちは家々をまわり、お祈りをする代わりにこのソウルケーキをもらっていました。

数種類のスパイスやドライフルーツを加えて焼き上げるのですが、同じ11月からはじまるクリスマスシーズンでよく見かける菓子とほぼ一緒の材料を用います。日本では馴染みのないソウルケーキですが、作り方は比較的簡単です。

スーパーの製菓コーナーでは、最初から必要な小麦粉などを全部配合した「クッキーミックス」といった便利材料も出回るようになりましたので、それを使うのが一番手っ取り早いと思います。シナモンなどのスパイスとレーズンなどのドライフルーツを忘れずに入れてください。

焼き上げる前の型取りは、丸い形がいいです。最後の十字はナイフで切り込みを入れる程度でOKです。

11月のカレンダー

～或る領地に住まう一人の若い農夫が書き残した日々の記録～

1		
2	万霊節 / 御霊の儀式	
3	管理している庭園の見廻り	
4	ぶどう畑の後作業	・収穫後に必要な作業を行う
5	ぶどう畑の後作業	・土おこし / 枯葉の処分など
6	ぶどう畑の後作業	
7		
8		
9	管理している庭園の見廻り	
10		
11		
12		
13		
14		
15		
16	街へ買い出し	・冬至祭 / 聖誕祭に必要な材料も合わせて購入する
17	ポマンダーの材料集め	・街への買い出しの時に必要な材料を購入する
18	ポマンダー作り / 乾燥作業	・聖誕祭まで屋外に出して自然乾燥させる
19		
20		
21	管理している庭園の見廻り	
22		
23		
24		
25	車輪祭（聖カタリナ祭）	・領主が主に執り行う
26		
27	待降節第1主日	※移動祝日のため毎年変動あり
28	管理している庭園の見廻り	
29		
30		

　凍てつく冬の到来。雪が降れば、屋外でできる作業もぐっと限られてきます が、きたる「冬至祭」の準備は念入りに行わなければなりません。もっと も太陽の光が届きにくいといわれる冬至。明るい時間帯で、どこまで準備を 進められるのかが勝負です。

　冬の寒さを乗り越え、慈愛ある春の季節まで無事に過ごせるよう、多くの 精霊に感謝と慈悲を捧げます。

祝祭のリース

　いわゆるクリスマスツリーが一般化してきたのはごく最近のことで、それまでは円形のリースや大きな樹木の枝を束ねて軒先に飾っていたことが多かったとされます。飾りつけに使う植物は時期柄限られていたのですが、常に緑色の枝葉を保つモミやヒイラギ、冬の寒さにも強い樫（カシ）の木は好んで使われていたようです。

　特に葉が茶色になることのないヒイラギは「豊穣の象徴」とされ、魔除けの力があることから、後世になってヒイラギのクリスマスリースが多く出回ったのではないかと思われます。ただ、ヒイラギは地域によってはなかなか入手できないので、花屋で比較的手に入る材料で据え置き型の「祝祭のリース」を作ってみます。

JAPAN TIPS

リースの素材の扱い

　最近はモミの木そのものを取り扱う花屋やホームセンターもあり、モミやヒイラギの枝葉の入手もしやすくなっています。ただし、見た目によらず葉が鋭いため、扱いには注意が必要です。

　モミの枝葉で作る吊り下げ型のリースはとても見栄えがいいのですが、冬の日本は乾燥気味なので時間が経つとポロポロと葉が落ちてしまいます。落葉が続くとけっこう掃除が大変なので、早めに下げてもいいかもしれません。

　クリスマスの時期にずっと飾っておきたい場合は、造花を使っていくのもひとつの手です。本来は生の枝木を使うべきですが、その時代に合わせたやり方でもいいと思います。

据え置き型 祝祭のリースの作り方

用意するもの

- **緑色の葉がついた枝木**
- **赤または黒い実** (少し粒が大きいものを推奨)^{※1}
- **籐、または木製のリース** (直径15〜20cm 程度のもの)^{※2}
- **麻ひも**
- **ハサミ**

任意で用意（なくてもOK）

- **蜜ロウキャンドル** (パラフィン製のキャンドル・ティーライトでも可)

※1 できれば生のものがいいですが、めぼしい種類がない場合は造花でも代用することができます。ヒイラギやモミなどの「緑色の枝葉」、ナンテンなどの「赤い実」のつく種類を探してください。
※2 園芸店・DIY店・100円ショップなどで入手できます。

 1

緑色の枝葉と実のついた枝をリースに挿しやすいように小さく切り分けます。手では折らず、園芸用のハサミなどを使って切ってください。

土台となるリースに枝葉をしっかりと差し込んでいきます。小さくて抜けてしまうようであれば、同じようなサイズの枝葉を輪ゴムで巻いてから差し込みます。
緑の枝葉→実のついた枝→緑の枝葉……といった順番で差し込んでいきます。不安定さが残るようであれば麻ひもでリースに固定するように巻いてください。

半周分差し込めたら、空きのある場所がないかどうかを確認し、もしあるようであれば余分に余った枝葉をさらに差し込みます。

出来上がったリースは立てずに寝かせたままにして、家の中で一番目立つ場所に置きます。冬至祭の夜は中央にキャンドルを置いて寝る前まで灯し、火の精霊への感謝を捧げましょう。

注意点

現代のリース作りでよく用いられる「グルーガン」で固定する方法がありますが、このリースを作る際は極力使用しないでください。リースの土台は樹木の精霊の身体の一部とされるからです。

パンフォルテ

13 世紀以降　イタリア・トスカーナ地方アレンジ

イタリア・トスカーナ地方などに伝わる、クリスマススイーツの一つです。明確なレシピが残り始めるのは 18 世紀に入ってからとされ、それ以前は修道院などの口伝で残していた可能性があります。かなり甘いですが、これを食べてこそクリスマスを迎えるという風習があるようです。

< 材 料 >

ハチミツ	70g
砂糖（グラニュー糖推奨）	130g
水	50cc
ミックスナッツ（塩味付けをしていないもの）	70 ～ 80g
マイヤーレモン（レモンとオレンジの交雑種）※1	1/2 個
薄力粉　130g	
A ドライシナモン・ドライクローブ・ドライナツメグ	各小さじ 1/4
A ドライコリアンダー・ドライジンジャー	各小さじ 1/4
粉砂糖（仕上げ用）	適量

※1　ない場合はレモンピール / オレンジピール 各40g、またはレモンかオレンジの皮でも代用可。

< 作 り 方 >

1. 小鍋にハチミツと砂糖、水を加えて軽く混ぜ、中火で温めて砂糖分を溶かしていきます。沸騰したら火を止め、再度軽く混ぜます。

2. ミックスナッツとマイヤーレモンの皮・果汁を 1 の小鍋に加え、軽く混ぜます。ふるいにかけた薄力粉と A のスパイス類を 2 の小鍋に入れ、ざっくりと混ぜ合わせます。

3. 型にクッキングペーパーを敷き、3 の生地を流し込みます。底部分をトントンとうちつけて、180℃にあたためたオーブンで 35 ～ 45 分焼きます。

4. 焼きあがったらあら熱をとり、外の風にさらします。

5. 最後に粉砂糖を上からまんべんなくふりかけ、切り分けてください。

ポマンダー

　中世ヨーロッパの時代から「魔除けの香り玉」として腰に吊り下げて軒先に飾っていました。現在でもクリスマスの時期になると子供たちと一緒にポマンダー作りをする光景をたびたび見ることができます。

　ポマンダーは乾燥させることでその香りがさらに強くなります。そのため、日本でも 11 月〜 12 月の乾燥している時期が作るのに適しているのです。悪霊はポマンダーの材料として使うクローブやシナモンの香りに大変弱いため、魔除けとしてとても効果的であるとされました。材料さえそろえば簡単に作ることができます。

　海外ではオレンジなどを使いますが、日本では時期的に出回っている「柚子」を使うとより良い香りがします。

12月のカレンダー
～或る領地に住まう一人の若い農夫が書き残した日々の記録～

1		
2		
3	管理している庭園の見廻り	・大雪の場合は行わない
4	待降節第2主日	
5	祝祭用のロウソク作り	・蜜ロウ（または獣脂）を溶かし、ロウソクを作る
6	祝祭用のロウソク作り	
7	祝祭用のロウソク作り	
8		
9		
10		
11	待降節第3主日	
12	広間の飾りの材料集め	・雪が深くない森に複数人で入り、「緑の枝葉／赤い実の枝」を集める
13	広間の飾り作り	・「緑の枝葉」を束ねて広間の天井に飾り付ける
14		・「祝祭のリース」作り
15		
16		
17		
18	待降節第4主日	
19	冬至祭・聖誕祭の宴会料理準備	・塩漬け肉を貯蔵庫から取り出す
20		・備蓄しているワインの用意
21		・ロウソクの用意／冬至祭に使う薪の準備
22	冬至祭	・日の入前までにロウソクに火を灯し、薪をくべ続ける
23		
24	聖誕祭前夜（祝祭）	・領主の館で祝祭の宴会（荘園の全員が集まり祝う）／十二夜の薪を作る
25	聖誕祭	・終日、自宅で過ごす
26		
27		
28	管理している庭園の見廻り	・大雪の場合は行わない
29		
30		
31		

公衆衛生やウイルスなどの概念がなかった時代。
未知の脅威から身を守るために
さまざまな「魔除け」対策が講じられてきました。

ここからはそんな時代に、
魔除け効果があるとされていた、
身近なものたちを見ていきましょう。

暮らしの中に溶け込んだ
魔を退けるものを
もっと知りましょう

その他の儀式

**1月〜12月の季節の枠にとらわれない儀式と
魔除けツールを3つ紹介します。**

大地還し（だいちがえし）

　魔除け目的やさまざまな祝祭で必要になった薬草や花、樹木は元々自然の賜物であり、母なる大地から借り受けたもの。目的を達成したらそれらを再び大地に帰す「大地還し」という儀式を独自に行っています。この儀式は火種がほぼなくなるまで、1人以上の見守り人を必要とします。

　具体的には屋外で大きな火種を作り、そこに各儀式や魔除けとして使っていた自然由来の材料を投げ入れ、火にくべます。焼ききった後に残る灰や燃えカスを地面に埋めて、大地還しの儀式を終わらせます。行程自体は比較的簡単ですが、キャンプファイヤーのような大きな火を必要とするため、家の中では豪快に燃やすことはできません。

　こまごまと使った魔除けツールや儀式に用いた材料はある程度まで箱などに入れて保管し、「大地還し」ができる時期になったらまとめて火にくべるようにするほうが効率的に良いでしょう。

　環境上、どうしても屋外で燃やせない場合は無理をせず、お住まいの地域の分別ルールに従い、普通ゴミとして処分していただいても構いません。魔除けのアイテムは基本的に毎年新しいものであることを良しとします。過去のものをため込まず、適切な時期になったら処分するようにしてください。

　「大地還し」はあくまでも自然の恵みを再び大地へ返還するという意味をもちますので、採取した植物や食物、樹木や薪以外のものは火にくべないようにしてください（具体的には紙コップや割りばしなど、加工されたもの全般を指します）。

　また、不特定多数の人が利用するキャンプ場などの公共施設で行う場合は、その場所のルールに従うことが絶対条件です。せっかく家から持ってきたからと、許可なく勝手に燃やしたり埋めたりするのはご法度。意に反した行為は自然の怒りを買うだけでなく、ほかの人の怒りも買う結果になってしまいます。状況に応じた対応を行うことが大事です。

直火の取扱い

　日本のキャンプ場やバーベキュー場では「直火禁止」のところが多いです。最近はキャンプブームもあって利用する人が増えた一方、勝手に場内の木を折って焚き木にしたり、意図的に穴を掘って火を熾す事例も増えています。また直火 OK のところでも、火の始末が悪かったり炭をそのままにして帰ったりするのも同じくマナー違反。に二度と利用できなくなるかもしれないので、ルールはきちんと守りましょう。

玄関先の魔除け

　古くから人が行き来する出入口は精霊や妖精、時には彷徨う魂も通りぬけると信じられていたようで、家に不幸の流れがこないよう、玄関先やベランダに魔除けの力を帯びる小枝やハーブ、花などを飾っていた家は少なくなかったとされます。筆者の自宅でも玄関とベランダに据えている物干し竿には、季節毎の儀式で使った際に残った魔除けの材料を一定期間置いています。

　「置く」といってもわざわざ立派な形にするではなく、花瓶に刺したり、器に広げて置いておくといった、比較的簡単（ちょっと手抜き？）なものです。見ただけで「これは魔除けの品物です」といった謎の主張をしてもドン引きされるだけなので、現代っぽい装飾インテリアとして置いていただくのが自然かなと思います。

　一例ですが、自宅で飾っている「魔除けツール」を簡単にご紹介します。

○香木＋ロウソク立て＋ホタテ貝

海外系雑貨店で入手した香りつきのポプリを深めの容器に入れ、なんらかの儀式で使ったロウソク立てを置いています。繰り返し使うので、ロウが少し残ったままになっていますが逆に雰囲気がでていいのかなと思います。ホタテ貝は裏側の部分を

魔除けツールとして使う機会が多いのですが、インテリア向けでは貝を表側にして置いています。

○ドライローズマリーと小枝

屋外イベントで余ったローズマリーの大きな枝を乾燥させて吊り下げています。公園で拾った小枝を適当に組み合わせて一緒に吊るすと魔除け感が増しますが、お客さんなどにドン引きされるかもしれないと思い、隣に現代のウインドチャイムを置いて魔除けオーラを出さないようにしています。

○ラベンダーのリースとユーカリの枝、オレンジスライス

普段作業しているデスクの前に飾っています。ユーカリは「再生」の意味を持つことから、魔除けや浄化の儀式ではよく使われるそうです。以前、別のイベントでいただいた花束の中にユーカリが入っていたのでそのまま乾燥させて飾っています。オレンジのスライスは「ポマンダー（86P）」で作ったオレンジの余りを乾燥したものです。当然ながら食用不可。

ドライフラワーと虫の関係

　スワッグにしたハーブや自然乾燥させた花をしばらく飾る際に、気をつけてほしいのが小さな虫の存在。「シバンムシ（死番虫）」という米粒ぐらいの大きさで、乾燥した花やハーブ・小麦粉や焼き菓子などにひっつくやっかいな存在です。冬以外の季節が繁殖期にあたり、特に春と秋はよく出てきます。卵を産みつけられるとどんどん増えていくため、見つけ次第駆除する必要があります。あまりひどいようであれば、ドライフラワーを早々に処分するのもアリです。

手洗いの儀式

　中世ヨーロッパの宴会では、食事の前に「手洗いの儀式」という大事な行程があります。

当時食べ物は手づかみが基本だったので、衛生的な意味合いもありましたが、バラやローズマリーなどの芳香性の高い植物を手洗い桶に入れることで、心を穏やかに、魔を退ける力を得られると信じられていたのかもしれません。

　特にバラの香りは、疲弊した心を癒す力があるとされます。中世ヨーロッパでは、バラは「誘惑を呼ぶもの」と決めつけられた時期もあったようですが、バラから抽出した水を料理の材料に入れたり、手洗いの儀式用のボウルにバラのエキスを加えていたことを考えると、当時からバラの癒しパワーは大きかったと思います。

用意するもの

・ **ぬるま湯**（水でも OK）：適量

・ **おおきめのボウル**（できればガラス製のもの。なければアルミ製などでも OK）

・ **フェイスタオル**（白の無地を推奨。吸水しやすい素材だとより GOOD）

・ **お好みのフレッシュハーブや生花**
（中世寄りにするなら生花のバラ・生ローズマリー・生ミントなど）

※ドライハーブやドライフラワーは使わないようにしてください

儀式の流れ

1. 客人が部屋に入る直前のタイミングでぬるま湯をボウルにたっぷりと入れ、お好みのハーブや花を散らします。

2. 食事の前に客人に手を洗ってもらいます。ぬるま湯に手を入れ、軽くもんでもらいます。タオルを差し出して拭いてもらい、次の客人に譲ります。タオルは裏表を使い、可能な限り 1 枚につき 1 ～ 2 人程度の使用に留めてください。

3. 全員が終わったら片づけて、静かに部屋を出ます。

　上記の手洗いの儀式はあくまでも「儀式の一環」という形で行っていただき、清潔さなどにこだわりがある方はその後でもいいので個包装のおしぼりやウエットティッシュなどを個別に渡し、普通に拭いてもらうのもいいかなと思います。

セイヨウサンザシ

中世フランスなどで活躍した「トルバドゥール（宮廷詩人）」が残した詩歌は恋愛にまつわる作品が比較的多かったのですが、「サンザシの木の下で恋人たちは待ち合わせ、夜明けがくるまで共に過ごす」という一節が個人的に好きです。当時は政略結婚が当たり前だった時代。叶えられない恋というのは、なんとなく哀愁感を伴うものです。

サンザシは開花期が5月〜6月頃。1年の中で比較的快適な季節で、花をつける木の種類もたくさんあります。メーデー（五月祭）の時期でもあり、サンザシは「メイポール」という大事な柱としても使われていたようです。国によってサンザシの意味合いが異なるのもまた興味深いです。

セイヨウサンザシは古来からとても強い魔除けの力をもつ聖樹、または妖樹と信じられてきました。木の部分は丈夫な建材として家具やフェンスの支柱などに、実の部分はお酒やお菓子の原材料として、花の部分は薬用またはリースの材料として幅広く使われていています。またサンザシの花から発せられる匂いが不快に感じる人も多かったことから、「悪魔が嫌う花」として認識されていたこともあったようです。

ミント

Mint

　清涼感あふれるハーブの代表格ともいえるミントは、特に暑い時期に抜群の効果を発揮してくれます。料理や医療、生活関連など万能に使えるハーブが多いなかで、かなり身近な存在ではないでしょうか？

　スーっとした香りはストレスを緩和するほかにも身体にさまざまな効果をもたらすとされています。特に口臭予防にはミントの葉を噛む、というのはかなり古い時代から定例化しているようで、現代ではそれがガムやキャンディに代用されることが多いです。

　旧約聖書にも「薄荷（はっか）」という言葉が表記されており、おそらくミントの一種ではないかと思われます。また、中世ヨーロッパの時祷（じとう）書にもミントの花を模した挿絵が残されていることから、長い歴史と共に歩んできたことがよくわかります。

　薫香の世界におけるミントは「浄化・集中力向上」の意味合いを持ち、ほかの材料とのブレンドで効力を高めるとされています。精油関連においてはミントは特段清涼感のある香りが強いので、ブレンドせずに単体で使うことも多いようです。

　強い芳香性をもつハーブはそのほとんどが退魔の力を纏うといわれています。ミントもそのうちのひとつであるのは間違いないのですが、今日においては品種改良も含めた数十種類のミントが存在します。本来の力を借りたいのであれば、昔からあるスペアミントやペパーミントを選ぶのが良いでしょう。

ヘンルーダ

Rue

　ミカン科の仲間ですが、古来から「魔除け・魔女避け」として非常に効果が高いとされ、別名「ハーブ・オブ・グレイン（Harb of grains/ 神の恵みの薬草）」ともいわれています。

　現在でも虫よけの効果があり、ローズマリーなどと一緒に育てると天然の虫よけエリアが出来上がります。食用にもなるハーブが多いなか、ヘンルーダは多少の毒性をもつことから食用には適さないので、基本的には鑑賞用として育てます。

　山椒に少し甘味がかかった香りで、そこまで強くはありませんが、近くまで顔を寄せるとほんのりとした香りがします。葉を摘み取って火にくべると香りが多少強く感じられます。

　春先になるとローズマリーとヘンルーダを同じタイミングで剪定し、摘み取った２種類を麻糸でしばって部屋に吊す「虫よけハーブ束（スワッグ）」を作るのもまた楽しみのひとつです。

　中世ヨーロッパでは、まさに「魔女避け」として家の軒先に吊るしていた家が少なくなかったと思います。原産地は地中海沿岸付近と言われていますので、少なくともイタリアやスペインなどの南欧地域では用いる機会が多かったんじゃないかと思います。

　薫香や精油などにはヘンルーダを用いる例はほぼないことから、もしこのハーブの香りを確かめたい時は、直接現物に触れてみるのが良いでしょう。

エルダー（セイヨウニワトコ）

Elder

　小さく可憐な乳白色の花が集まった初夏のエルダーフラワー。この花が咲くと初夏の到来のサインともいわれています。食用にもなる花なので、昔からケーキの具材にしたりシロップの原料として用いられています。白ワインに浮かべてもオシャレなことから、ここ最近ではご自宅で育てる方も増えてきたようです。

　エルダーの木は古の時代から「厄除け・魔除けの木」として大切にされてきました。一方でその恩恵をにあやかろうと故意に枝を折り取ったり切り倒したりすると「その木に住まう精霊の怒りを買い、不幸がもたらされる」ともいわれていたようです。その話を信じて切ることができず、そのまま巨大化してしまったエルダーの木もあったとか。

　森の奥深くにある、魔女のような人が住む家の脇には大木が描かれることがありますが、そのうちのひとつがこのエルダーの木だったのではないかという説もあるほどです。

　とある地域に「エルダーの白い花で作る花冠は幸運をもたらす」という言い伝えが残っています。ロマンチックな話に聞こえるかもしれませんが、エルダーはとても小さな花なので、手で触るとパラパラと落ちてしまいます。「エルダーの花冠」というのがもし現実にあったとしても、人が被ることはなかなか難しそうです。一角獣のように、選ばれし者だけが被ることができるとかなら別かもしれません。

ボ リ ジ

Borage

　小さな星型の花がかわいらしいボリジは、とても古い時代から記録に残っていたとされます。中世イングランドの料理指南書にもボリジが記載されており、料理用に加えて薬用としても使われていたとみられます。現在でもボリジの苗を取り扱っている園芸店は多く、春から初夏にかけて花と若葉を収穫し、食材として使うことができます。

　最初は淡いピンク色の花ですが、徐々に青色に変わっていきます。その青色は別名「マドンナブルー（聖母の青）」とも呼ばれることがあり、多くの信仰深い人々から愛されてきたのではないでしょうか。アルバ種という白い花もみかけるのですが、効能自体は同じです。

　中世ヨーロッパから伝わるおまじないのひとつとして、ボリジの小さな花を一輪から二輪ほど摘み、願いを心の中で唱えながら予め水を張ったボウルの上に落とします。無事に水の上に落ちれば願いは叶い、水の中に沈んでしまったら叶わないとされていたようです。花びらを1枚1枚取っていく花占いに似たようなものなのかもしれません。

ラベンダー

Lavender

　初夏から夏にかけて、独特の強い香りを纏う芳香性ハーブのひとつです。日本でも、ラベンダー畑を備えているガーデンを見たことがある方も多いと思います。

　ラベンダーは現在では非常にたくさんの種類があり、観賞用・精油用・料理用など用途も多岐にわたります。乾燥させても強い香りが長い間残ることから、ポプリとしても人気が高いです。

　中世ヨーロッパでも大変人気のあったハーブで、その強くて芳醇な香りが世の貴婦人の心をわしづかみにしたようです。花の女王であるバラももちろん人気があったのですが、修道院の中でしか見ることが許されなかった時期もありましたので、目にする機会が比較的多かったラベンダーが人気になった理由のひとつなのかもしれません。

　最大の特徴はなんといってもその強い香りで、時には悪魔を退けるほどの力をもつと信じられていました。実際、虫よけとしての効果もあったので、理に適っていたのかもしれません。また「聖母が好んだ花」とも言われていたので、なおさらそばに置きたい人は多かったのではないでしょうか。

　ハーブをはじめとした薬草は修道院の中で古来から育てられてきましたが、現在でもヨーロッパではラベンダー畑を併設している修道院が多いです。海外旅行に出かけることがありましたら、少し気にしてみると意外な気づきが得られるかもしれませんね。

スミレ

Violet

　春先の数週間だけ咲くスミレの中でも特に高貴な香りをまとうのが「ニオイスミレ（Sweet violet）」という種類。見た目は華奢ですが、香りが強いお花です。中世ヨーロッパではスープの一種でもある「ポタージュ」のメニューとして、当時の記録が残るほど珍重されました。

　このニオイスミレ自体が小さいため、大量の花を摘んでも僅かしか精製できず、現在でも種類によってはバラ以上に高価とされています。

　日本でもスミレ関連の精油を扱っているところはありますが、ほとんどが人工的に作られたスミレかスミレの葉（ヴァイオレットリーフ）で、天然のスミレは入手することがとても困難です。

　中世ヨーロッパ以前の古代ローマ・ギリシャでもスミレは重宝された花で、お酒に入れて酔いが回りにくいようにしたり、目元を彩るアイシャドウの原料などでも用いられてきました。高貴な紫の色であると共に芳醇な香りが伴うとなれば、こぞって手にいれたかったことでしょう。

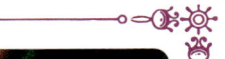

リリー（ユリ）

Lily

聖母の花のひとつでもある、純白のユリ。

聖書でも有名な「受胎告知」の絵画には大半に白いユリを携えた大天使の姿が描かれています。現在ではさまざまなユリの種類がありますが、数千年前からあったとされるのが「マドンナリリー」と呼ばれる品種です。

古くは旧約聖書から「野のユリ」という名前で記述されており、神聖・復活の象徴として愛されてきました。また、強い薬効があるとされ、古代ローマなどでは長期化する戦争の拠点にユリを植えていたともいわれています。

中世ヨーロッパでも薬草の一種で使われた記録が残りますが、バラやスミレに比べて香りが強かったことから、さすがに食用にはしなかったようです。また、食卓の場面を描いた挿絵などでも、ユリをはじめとした花の描写がそう多くないことから、「聖なる花」として特別視されていたのかもしれません。

ユリは芳醇で甘い香りが特徴ですが、品種によっては香りが強いものもあり、食卓のそばに置くと料理のにおいが分からなくなることが時折ありますので、食事の時はそっと別の場所に移動させたほうがいいかと思います。

ジャスミン

Jasmine

　甘い香りのジャスミンは熱帯地方が原産となっているため、中世ヨーロッパには一見なかったように思われます。中世フランスの連作タペストリー群「貴婦人と一角獣（The lady and Unicorn）」にはジャスミンと思われる白い花が一部刺繍されており、少なくとも 1400 年代後半頃にはフランス周辺に入ってきたのではないかと考えています。

　ジャスミンの香りがもっとも強くなるのは深夜から夜明け前とされ、現在でも深夜の時間帯にあわせて花の収穫が行われます。夜の間に摘み取られた花は闇夜にはびこる魔を退ける力をもつと信じられました。

　美容室のヘッドスパ（頭皮マッサージ）やエステサロンでは、ジャスミンの香りを取り入れているところが多いです。純粋なジャスミンの香りではなく、ほかの香料をブレンドしているものが大半を占めますが、それでもリラックス効果が高いので、古代から現代まで比較的人々に受け入れられやすい香りであることは間違いないようです。

　時期によっては植物園の温室エリアなどでジャスミンを見かけることがあります。白い花がそっと咲いていたら香りを愛でてみるのもいいかもしれません。

カモミール

Chamomile

　「植物のお医者さん」という別名を持つ、数千年前から利用されたと言われる薬用ハーブの一種です。精神を落ち着かせる効果が高く、カモミールで煎じたお茶は安眠をもたらすものとしてミッドナイトティー（就寝前のお茶）としても使われます。

　少し甘いリンゴの香りが特徴ですが、多少クセもあるので薬草の香りに敏感な方は苦手と感じるかもしれません。

　乾燥に強い花で比較的育てやすいことから、昔から庶民の家の庭でも育てられていたようです。開花シーズンになるとふんわりとした甘い香りが漂い、悪魔をよせつけない天然の魔除けエリアとしても使えたようです。

　カモミールは大きく2種類あり、「ジャーマンカモミール」と「ローマンカモミール」、それぞれ特徴が少し違います。香りに関しては両方リンゴっぽい香りがしますが、ローマン種は花や葉・茎から香る一方で、ジャーマン種は花からしか香りません。

　ハーブティーとして使われることが多いのは主にジャーマン種となります。ローマン種も利用ができますが、煎れ過ぎると苦味が残るので注意が必要です。

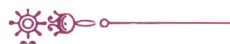

羊皮紙工房コレクション
「羊皮紙と魔除けの護符」

　中世ヨーロッパで主要な記録紙のひとつに「羊皮紙（Parchment）」が挙げられます。羊や山羊、仔牛から作った紙で、保管状態が良ければ千年以上でもその形を保つことができます。

　記録紙としての利用のほかに「護符」としての利用もあったようで、ユダヤ文化圏やエチオピアでは羊皮紙を用いた魔除けの護符が多く残っています。一部の護符は難解な記号や文字が羅列していますが、人間には読み取れなくても悪魔たちは読み取れると思えば、立派な魔除けになっていたのでしょう。

　日本でも随一の羊皮紙研究をされている羊皮紙工房主宰・八木健治氏が所有する「羊皮紙工房コレクション」より、護符に関する作品の一部をご紹介します。

◆キタベ

『エチオピアで 19 世紀頃まで用いられてきた羊皮紙の巻物型護符。「病気が治るように」、「赤ん坊が健康に育つように」など具体的な願いが、聖書からの文言とともにゲエズ語（エチオピアで 19 世紀頃まで使用されていた言語）に記されている。

護符は、被保護者に合わせてオーダーメイドで作られる。願いの内容はもちろん、羊皮紙の巻物の長さも被保護者の身長に合わせられる。天使の力で悪霊を追い払うため、天使の姿が描かれているものも少なくない。

　巻物はレザーのケースに入れられ、蓋が縫い付けられている。制作後は巻物を取り出すことができないため、一切見られることがないということだ。被保護者はそのケースをペンダントとしてヒモで首から下げ、肌身離さずに持ち歩く。』

（八木健治 著「羊皮紙のすべて（青土社）／羊皮紙の世界（岩波書店）」より一部抜粋）

　中世ヨーロッパでは主に「悪魔から自身（または家族・領主・国）を守ること」を主としていていましたが、時代が進んでいくと主に子供たちにまつわる魔除けツールに発展していくパターンも見受けられます。病気や飢饉などが長引くと、真っ先に子供たちに影響が出てしまうことがあったため、子供を守るためのお守りは肌身離さずに持っていた傾向があったのでしょう。

◆邪視からの保護

『中東諸国、特にトルコに旅行をすると、「ナザルボンジュ」というお守りがお土産として多く売られている。それは、邪視、つまり悪意を持った眼差しから女性や子供を守るためのお守りである。カバラ（ユダヤ神秘主義思想）の護符も、同じく邪視から保護するためのものが作られてきた。護符の最上部には「私の神に祈ります。守護、恵み、祝福、平安を与えたまえ」という文言がある。正方形の表には、「ヤハウェ、エヒヤ」（ヤハウェ、私は私である）という文言がぐるりと記載されている。目の中に描かれている三文字は、邪視を防ぐ文言を略したものだ。』
（八木健治 著「羊皮紙のすべて（青土社）」より一部抜粋）

　「目」は身体の部位の中でも対象者となる魂を引き寄せる力をもつと昔から言われてきました。不思議な力を持つ人の特徴として、魅力的な「目」が挙げられるほどです。「私の目をよく見て」という文言を聞いたことがありますが、これは目の中に潜む引き寄せの力（邪眼）のことを指しているのかなと思います。

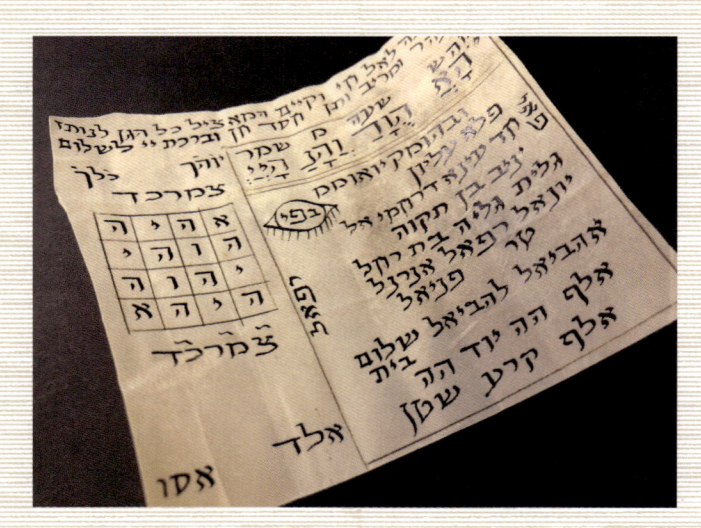

◆魔術文字

『護符にはヘブライ文字の他に、落書きのような図柄が書かれていることもある。これは一般的に「魔術文字」と呼ばれる護符用の記号で、ヘブライ語で「セグラ」(Segula)またはその複数形で「セグロト」(Segulot)と呼ばれるものだ。この言葉の元の意味は「保護」。その起源は古代エジプトや古代ギリシアまで遡れる。』
(八木健治 著「羊皮紙のすべて（青土社）」より一部抜粋)

　いわゆる「魔術文字」や「天使文字」と呼ばれる護符の多くには、一般人には解読できない暗号が織り込まれています。それらを解読できる資料があればいいのですが、大半の護符にはそのようなものはありません。いまだに解読不能な文字も多く、いったい何が書かれているのか分かりません。もしこの先読み取ることができたとしたら、どのような言葉が記されているのか。謎に満ちた護符として、秘めたままでいいのか。捉え方は人それぞれなのかもしれません。

中世欧州料理にまつわる「おまじない」

　中世ヨーロッパ各地に残る料理指南書には、具体的な調理方法が記されていますが、現在のような本格的な料理レシピではなく、あくまでも「料理人向けの記録」という意味合いが強いものでした。そのため、一部の工程を割愛したり、あるいは工程そのものがすっぽり抜けているということも少なくありませんでした。

　同じ料理でも、料理人によって味や作り方はさまざまで、なかにはおまじない要素を含んだ調理を行う人もいたようです。完成料理の出来映えは、その年の収穫物の出来と鏡合わせになることもあります。「占いができる（と思われる）料理人」は、神秘的な力を頼って翌年の収穫物の出来を良くしようと考えていたのかもしれません。

　詳細な統一ルールはなく、信憑性があるかどうかも定かではありませんが、中世欧州料理にまつわる占い・おまじないを調理とともに楽しんでみてはいかがでしょうか。

◆揚げ菓子占い

小麦粉と水、卵などを混ぜ合わせた生地を漏斗（ろうと）に入れ、たっぷりの揚げ油の中に静かに注ぎ入れます。その際にできた「形」で、未来の姿を占っていました。例えば、「花や葉のような形」であれば、安定した気候が続き、「竜のような形」であれば不吉なことがおきないよう注意すべき、など。

◆森の果実と水占い

水を張った大きめのボウルに森で摘み取った小さな果実（ベリー類）を入れ、何も触れずにしばらくそのまま浸けおきます。時間が経ってからそのボウルを見て、果実が半分以上沈んでいれば豊作が期待でき、大半の実が浮き上がっていたら今後凶作の恐れがあるとされました。

◆卵占い

　熱したフライパンに採ったばかりの卵を 2 個同時に割り入れ、焼きながらその形を見ます。白身同士がくっついたらこの先結ばれる若者たちに幸せが訪れ、どちらかの卵黄が割れてしまったら収穫物になんらか悪い影響がある予兆、白身が大きく外側に流れ出してしまったら洪水や氾濫などの水害がおこる予兆という結果が示されます。

◆ミンスミートとミンスパイのおまじない

　昔から残るおまじない料理のひとつに「ミンスパイ」があります。主にイギリスで現在も行われているもので、クリスマス料理に使う「ミンスパイ」のフィリング（中身）を 10 月〜 11 月頃を目途に子供たちと一緒に作ります。ドライフルーツやブランデー、レモンやオ

レンジピール、レーズンなどを混ぜ合わせて漬け込むのですが、「時計回りで混ぜ合わせる」と決められていました。もし半時計まわりに混ぜてしまうと、次の年に悪い精霊を呼び寄せてしまうといわれたからです。宗教色が強い大きな祝祭でも、昔から伝わる小さなおまじないは今でも根強く伝わっているものです。

参考文献

『歴史の中の植物 花と樹木のヨーロッパ史』（遠山茂樹 著／八坂書房）

『西洋の護符と呪（まじな）い プリニウスからポップカルチャーまで』（尾形希和子 著／八坂書房）

『ひみつの薬箱 中世装飾写本を巡る薬草の旅』（ジュヌヴィエーヴ・グザイエ 著　久木田直江 訳／グラフィック社）

『西洋中世ハーブ辞典』（マーガレット・B/フリーマン 著　遠山茂樹 訳／八坂書房）

『ハーブの図鑑』（萩尾エリ子 著／池田書店）

『魔女のシークレットガーデン』（飯島都陽子 著／山と渓谷社）

『ヨーロッパの祝祭典 中世の宴とグルメたち』（マドレーヌ・P・コズマン 著　加藤恭子・山田敏子 訳／原書房）

『西洋本草書の世界 ディオスコリデスからルネサンスへ』（大槻真一郎 著　澤元亙 編／八坂書房）

『癒しのお香　高貴な樹脂・ハーブ・スパイスを楽しむインセンスガイド』（カーリン・ブランドル 著　畑澤裕子 訳　長谷川弘江 監修／産調出版）

『食材と調理からたどる中世ヨーロッパの食生活』（ハンネレ・クレメッティラー 著　龍和子 訳／原書房）

『The Book of Spell とっておきのおまじない』（ニコーラ・デ・バルフォード 著　黒川由美 訳／新紀元社）

『中世ヨーロッパのレシピ』（コストマリー事務局 著／新紀元社）

『羊皮紙の世界』（八木健治 著／岩波書店）

『羊皮紙のすべて』（八木健治 著／青土社）

『聖書植物園図鑑』（聖書植物園書籍・出版委員会 編／丸善出版）

『深き西洋中世の食レシピ 総集編』（繪 鳳花 編著／コストマリー事務局）

『Rosa rose 中世欧州彩色写本に描かれた樹花たち』（繪 鳳花 編著／コストマリー事務局）

『中世ヨーロッパの色彩世界』（徳井敏子 著／講談社学術文庫）

『図説ヨーロッパ中世文化史百科 上・下』（ロバート・バートレット 著　樺山紘一 監訳／原書房）

『中世修道院の庭から』（ミシェル・ボーヴェ 著　深町貴子 監修　ダコスタ 吉村花子 訳／グラフィック社）

おわりに

　普段は中世ヨーロッパの料理にまつわる試作検証を行っているのですが、今回なぜ魔除けやおまじないの本を作ったのかというと、「当時の料理と関連があったから」というのがひとつ挙げられます。

　本書のコンテンツ「中世欧州料理にまつわるおまじない（122P）」にも軽く記載していますが、料理を作る工程でおまじないのようなものが混じっていることに気づきまして、当時の料理人はただ食事を作るだけではなく、ほかにもいろいろなことができたのかな？とふと疑問に思ったのがそもそものきっかけです。

　「ミンスパイのおまじない（124P）」では、かき混ぜる決め事のほかにもパイを 12 個作り、クリスマスから 12 日後の公現祭（エピファニー）の間、毎日 1 個ずつ食べることで幸せになれるというおまじないもあることを教えてもらった時は大変驚いたものです。

中世当時は目下宗教的な祝祭が主だったため、いわゆる昔から伝えられている土着的要素のある祝祭や儀式は徐々に禁じられる傾向がありましたが、こういった生活文化の一環として気づかないように入れ込む点に、むしろ興味をもちました。修道院のエライ方々に見つからないようにねじ込む例って、少なからず見かけますからね。

　以前イギリスのある地域で中世再現祭に参加した時、ある初老の男性から、不思議な「魔除けアイテム」をいただいたことがあります。自分が日本から来たこと、中世祭りに興味があって参加したことを伝えると、「遠いところからきたし、無事に帰ることができるようにね」と、渡してくれました。もう 10 年以上前の出来事でしたが、まだ大切に持っています。

　中世ヨーロッパの人々が記録としてあえて明確に残さなかった、古来からの伝承の足跡。そこから作られた「小さな魔除けとおまじない」は、自然から賜った恵みそのものです。今後も後世に残し続けてほしいと、切に願っております。

繻 鳳花

しゅ ほう か
繻 鳳花

中世西欧料理研究家。ヒストリカルプランニング企画運営「コストマリー事務局」主宰。
主に中世ヨーロッパ時代にあった料理の再現検証・アレンジを施したレシピ研究を中心に活動。
近年は国内の屋内外施設を利用した「自然との共存」を主とした西洋歴史再現企画／
西洋ファンタジーイベント企画運営、西洋歴史料理監修／西洋ファンタジー料理監修等
にも携わっている。

X(旧Twitter)　@shuhohka/@costmary_net
Instagram　　@costmary_moyan
Bluesky　　　@shuhohka

HP　　　　　https://costmary.me/

中世ヨーロッパの民からならう
季節の魔除けとおまじない

2024年9月18日　初版発行

著者　　　　コストマリー事務局
　　　　　　繻 鳳花
イラスト　　banamiso(騎士堂コシアン派)
編集　　　　新紀元社 編集部
装丁・DTP　TITANHEADS
協力　　　　八木健治（羊皮紙工房主宰）
　　　　　　中世ルネサンス ブックカフェ Tür テューア

発行者　　　青柳昌行
発行所　　　株式会社新紀元社
　　　　　　〒101-0054　東京都千代田区神田錦町1-7
　　　　　　錦町一丁目ビル2F
　　　　　　TEL 03-3219-0921 ／ FAX 03-3219-0922
　　　　　　http://www.shinkigensha.co.jp/
　　　　　　郵便振替　00110-4-27618

印刷・製本　中央精版印刷株式会社
ISBN978-4-7753-2167-6
Printed in Japan